# Tweelingzielen:

Het Vinden van Je Ultieme Geliefde

JEFF EN SHALEIA

Jeff Ender en Shaleia Clare Divine

(Permanent bij elkaar en in Harmonieuze Tweelingzieleenheid sinds Januari 2014)

Meester Tweelingziel Spirituele Leraren

Alle inhoud auteursrechtelijk beschermd © 2018 Twin Flames Universe.com, Inc.
Nederlandse vertaling: 2023

Alle rechten voorbehouden.
Geen deel van dit boek mag op enige wijze dan ook worden gebruikt of gereproduceerd zonder voorafgaande schriftelijke toestemming van de auteurs.
Geprint in de Verenigde Staten van Amerika.

Jeff and Shaleia Divine
Twin Flames: Finding Your Ultimate Lover 3e Editie, November 2020
Tweelingzielen: Het Vinden van Je Ultieme Geliefde Nederlands, November 2023
Twin Flames Universe.com boeken, MP3's, E-Cursussen en geregistreerde lessen zijn beschikbaar. Voor details neem contact op met Twin Flames Universe via TwinFlamesUniverse.com

Omslagfoto: Shaleia Clare Divine
Vertalers: Liënne ten Kate, Marianne Bindels

Twin Flames Universe.com, Inc.
Leer Tweelingzieleenheid als een Ascensiepad naar het Goddelijke

*Aan Onze Twin Flame Ascension School studenten* die de eersten waren om in ons en ons werk te geloven. Wij houden meer van jullie dan jullie ooit konden weten. Wij dragen dit boek op aan jullie, aan onze toekomstige studenten, en aan onze lezers. Mag het bewustzijn van Harmonieuze Tweelingzieleenheid dat op elke pagina wordt overgebracht voor altijd bij je blijven, groeiende als een Goddelijk Zaad van Bewustzijn tot ultieme perfectie. En mag je voor altijd met alle zekerheid onze liefde voor jou en onze liefde voor je Tweelingzieleenheid erkennen.

*Aan God Onze Heilige Schepper,* zonder U is niets mogelijk. Wij houden volledig van U, en wij zijn Uw gelukkige dienaren in liefde, nu en voor altijd. Dank U voor het vullen van onze onschuldige harten met Uw liefde en leringen, en voor het ons tonen van de weg om anderen te helpen in hun permanente Harmonieuze Tweelingzieleenheid. Onze liefde, loyaliteit en bewondering voor U is standvastig, eeuwig en compleet, want wij weten met absolute zekerheid dat Uw liefde voor ons hetzelfde weerspiegelt.

Trouw & Eeuwig de Uwe, Altijd,<br>
Jeff & Shaleia

# Inhoud

**Voorwoord** — **15**
**Introductie** — **21**

**Hoofdstuk 1 – Wat Zijn Tweelingzielen?** — **23**

    Wat Zijn Tweelingzielen? — 25
    Heb Ik een Tweelingziel? — 27

**Hoofdstuk 2 – Hoe Vind Ik Mijn Tweelingziel?** — **29**

    Wat Zijn Tweelingzielen? (Gechanneld) — 30
    Het Begint met Je Verlangen — 33
    De Eerste Ontmoeting van Tweelingzielen – Jeff's Verhaal — 34
    Het Verhaal is Echt — 36
    Tweelingzielen en het Spiegeleffect Uitgelegd — 37

**Hoofdstuk 3 – Hoe Weet Ik wanneer Ik Mijn Tweelingziel Heb Ontmoet?** — **43**

    Jeff's Verhaal van Zijn Valse Tweelingziel — 47
    Shaleia's Verhaal van Haar Valse Tweelingziel — 50
    Hoe Onderscheid je een Valse van een Ware Tweelingziel (Gechanneld) — 57
    God's Negen Signalen dat Je met Je Ware Tweelingziel bent (Gechanneld): — 58
    Negen Signalen dat Je met een Valse Tweelingziel bent (Gechanneld) — 60
    Conclusie — 62

## Hoofdstuk 4 – Jouw Tweelingziel Ontmoeten     63

Shaleia's Ontmoetingsverhaal van Haar Tweelingziel     63
De beslissing vóór de Ontmoeting     67
Aantrekken van je Tweelingziel Meditatie-oefening     67
Je Tweelingziel Aantrekken     69
Aanwezig Zijn bij wat Opkomt     71

## Hoofdstuk 5 – De Spiegeloefening: De Enige Methode die Je Nodig Hebt     75

De Spiegeloefening: Een Nieuwe en Snellere Methode om Goddelijke Eenheid te Bereiken     77
De Spiegeloefening: Alles Wat Je Nodig Hebt om Harmonieuze Tweelingzieleenheid Aan te Trekken en te Bereiken     82
De Spiegeloefening:
STAP ÉÉN     86
De Spiegeloefening:
STAP TWEE     89
De Spiegeloefening:
STAP DRIE     94
Visualisatie-oefening voor de Spiegeloefening:     106
Stap Vier Punt Één     106
De Spiegeloefening Stappen     107
De Spiegeloefening: Laatste Gedachten     107

## Hoofdstuk 6 – Harmonieuze Tweelingzieleenheid: Je Tweelingziel voor het Leven Houden    113

   Fases van Harmonieuze Tweelingzieleenheid (Gechanneld)    115
   Onstopbare Tweelingzieleenheden    121
   Wat is Harmonieuze Tweelingzieleenheid en Hoe het Permanent te Bereiken    124
   Het Doel van Harmonieuze Tweelingzieleenheid    127
   Wat is Perfecte Eenheid?    129
   Hoe Harmonieuze Tweelingzieleenheid Eruit Ziet en Aanvoelt    130
   Acht Sleutels tot het Fundament van je Harmonieuze Tweelingzieleenheid    131

## Hoofdstuk 7 – Je Tweelingzieleenheid: Levensdoel    151

   Jullie Levens Afstemmen    152
   Tweelingziel Helderheid    154

## Hoofdstuk 8 – Wat is het Verschil tussen Soulmates en Tweelingzielen?    159

   Het verschil tussen Soulmates en Tweelingzielen (Gechanneld)    160

## Hoofdstuk 9 – Tweelingzielen: Goddelijke Vrouwelijke en Goddelijke Mannelijke Complementen    165

**Hoofdstuk 10 – Colby en Keely's Tweelingziel-liefdesverhaal**     **171**

    De Eerste Ontmoeting     171
    Eeuwige Liefde Claimen     174
    Onze Eerste Date     177
    Afscheiding     180
    Lessen Geleerd     182
    Onze Leraren Vinden     183
    Opnieuw Contact     185
    The Reünie     191
    Terug naar Massachusetts     200
    Eenheid     202
    Terug voor Altijd     205
    Samen Leven als Één     207
    De Verloving     209
    De Grote Dag     210
    Onze Harten Zijn Vervuld     213
    Aspen     214
    Onze Levens Breiden zich Voortdurend uit     216

**Tweelingziel Decreten**     **221**
**Tweelingzielgedichten**     **223**

    Hoe Liefde Ziet - Geschreven door Shaleia     223
    Liefde Was er Altijd - Geschreven door Jeff     224

**Nawoord**     **227**
**Aanbevolen Bronnen**     **229**
**Over Jeff**     **230**
**Over Shaleia**     **231**

# Voorwoord

*Tweelingzielen: Het Vinden van Je Ultieme Geliefde* kwam als resultaat van Jeff en ik in het herkennen van een diep verlangen van mensen om hun Ultieme Geliefde te vinden. Elke dag ontdekken mensen meer en meer de waarheid en realiteit van Tweelingzieleenheid, terwijl ze zich afvragen of ze wel een Tweelingziel hebben. In spirituele waarheid, heb je een Tweelingziel, en het is mogelijk en onvermijdelijk om te herenigen en een prachtig levenslange partnerschap en heilige eenheid te creëren; één die heerlijk bevredigend en ongelooflijk zinvol is.

In het collectieve bewustzijn van de mensen is op dit moment het verlangen gegroeid naar een liefdesleven dat niet gebaseerd is op een oud relatieparadigma, maar op echte onvoorwaardelijke en Goddelijke Liefde. Minder dan honderd jaar geleden werd het idee om uit liefde te trouwen beschouwd als onlogisch, en op zijn best een voordeel dat weinigen ooit gehad hebben. Dit is het geval voor het grootste deel van de geschiedenis van de instelling van het huwelijk. Het huwelijk was niet de ruimte om verliefd te worden, maar eerder een sociaal en cultureel contract om de plichten te vervullen die de maatschappij voorschreef. Ook waren de rollen van de vrouw in die tijd alleen verbonden aan het gezin en het huwelijk (bekend als het huishouden), en hun rollen werden bepaald door de overeenstemmende autoriteiten in de samenleving, omdat vrouwen werden beschouwd als eigendom en als zodanig behandeld.

Gelukkig is de huidige maatschappij aan het veranderen, vooral met de Vrouwenrechtenbeweging die in 1969 echtscheidingen zonder schuld wettelijk legaliseerde, en gelijke kansen op de arbeidsmarkt eiste. Veel vrouwen hebben sindsdien van die gelegenheid gebruik gemaakt om uit hun huwelijk te stappen en een leven van liefde te beginnen, waarvan zij wisten dat zij het verdienden en al heel lang verlangden. Mannen zijn in deze nieuwe omstandigheden ook vrij om echt te kiezen voor een huwelijk uit liefde, in plaats van een verplichting.

In een maatschappij die nooit geleerd heeft om uit liefde te trouwen, hoe veranderen we de diep ingesleten patronen om niet alleen uit liefde te kiezen voor een huwelijk of geregistreerd partnerschap, maar het creëren en onderhouden van onvoorwaardelijke liefde die het fysieke overstijgt naar het spirituele? Mensen verlangen meer en andere dingen van hun relaties dan voorheen in de geschiedenis. Iedereen op de planeet heeft een Tweelingziel. Er is een aangeboren en onmiskenbaar verlangen om in het leven samen te zijn met onze Ultieme Geliefde, die onze Tweelingziel is. We hebben het verlangen vanwege onze primaire conditie van het gecreëerd zijn met een Tweelingziel. Dat verlangen gaat nooit weg totdat het vervuld is.

Diep in onszelf hebben we altijd een perfecte zielscomplement voor ons gevoeld, die niet slechts een zielsverwant is die in en uit ons eeuwige bestaan komt om een les en een ervaring mee te delen, maar een ziel die geschapen is uit **exact dezelfde blauwdruk als wij**, en die eeuwig onze spirituele partner, leraar, student, vriend en minnaar is. Wetende dat iedereen op de planeet, inclusief jijzelf, een Tweelingziel heeft, hoe kun je dan spirituele liefde aantrekken?

Door een andere keuze te maken dan wat je tot nu toe hebt gedaan, waardoor je steeds terugkerende, ongelukkige en onvervulde relaties en huwelijken hebt ervaren.

Veel huwelijken en relaties zijn ontstaan uit een gevoel van innerlijk gemis, wat resulteert in... wederzijdse afhankelijkheid, en is een valse, voorwaardelijke liefde. Deze valse liefde was hoe mensen „verliefd" werden toen trouwen uit liefde eindelijk sociaal aanvaardbaar werd en de nieuwe norm. Deze valse liefde is niet echt, omdat het niet gebaseerd is op het Spirituele, of ziel-tot-ziel liefde, maar in plaats daarvan gedicteerd door aantrekkingskracht op het fysieke, seksuele en de persoonlijkheid. Alle extreem oppervlakkige „liefde" waarmee mensen besluiten te trouwen en een gezin en een leven te stichten.

Hoe creëert deze basis een stabiele en blijvende relatie? Dat doet het niet. Uiteindelijk proberen we de ander te veranderen, in plaats van in onszelf te kijken, verantwoordelijkheid te nemen voor de keuzes die we maken, door nieuwe beslissingen voor onszelf te nemen die ons de gewenste resultaten zullen geven die we zoeken. **De keuzes, beslissingen en leidraden waarnaar we handelen zijn belangrijk omdat ze ons leven vormen en invloed hebben op de mensen om ons heen.**

Gelukkig is er een kans om dit alles te veranderen, want ieder van ons verdient en verlangt naar onze geliefde Tweelingziel, en om een gelukkig eeuwige Eenheid te ervaren. Twijfel er niet aan dat als je dit voor jezelf verlangt, je Tweelingziel dit ook verlangt. Als je ervoor kiest het innerlijke werk van de Spiegeloefening te doen, zoals beschreven in dit boek, zul je de eeuwige beloning ervaren van niet alleen een gelukkig en vredig leven, maar ook het opruimen van oude rommel die zich verbergt in de schaduwen van je bewustzijn en die je weerhoudt van je Eenheid, en het ervaren van een echt en betekenisvol eeuwig liefdesleven met je Tweelingziel.

Als jij en je Tweelingziel besluiten zich te verenigen en samen een leven in liefde te delen, is het alsof je in je hele wezen weet dat dit de manier is waarop je leven altijd zou moeten zijn, en is geweest. Je voelt je volledig geliefd, geaccepteerd, begrepen, gekoesterd, en ondersteund in wie je bent, en in je Goddelijke levensdoel samen. Er is voldoening en een diep verlangen vervuld. Er zijn zoveel wegen om te groeien, en ongelooflijke oneindige niveaus van liefde en diepte om samen te verkennen en te ontdekken. Er is een gedeeld bewustzijn dat op natuurlijke wijze ontstaat wanneer jullie je beiden meer bewust worden van elkaar als Één. Gebieden in je leven waarvan je dacht dat een romantische partner je nooit zou kunnen aanvullen, worden volledig vervuld in jullie Eenheid omdat je Tweelingziel *ontworpen* is om je daar aan te vullen met een specifiek doel en reden. Je Tweelingziel heeft het vermogen om je spiritueel en emotioneel als geen ander te „ontmoeten waar je leeft". Een gevoel van een diep eeuwig verenigd doel bestaat in een Tweelingzieleenheid. In je Eenheid, voel je je Thuis omdat je Één bent in liefde met God.

Het liefdesleven dat je wenst en verdient te hebben is dichterbij dan je denkt. De manifestatie van je verlangen naar je Tweelingziel in spirituele eenheid is natuurlijk en onvermijdelijk, omdat God het verlangen in jou heeft gecreëerd en jullie op natuurlijke wijze samen heeft gecreëerd als Één. Als je blijft geloven in het proces van je manifestatie, en de beloningen en opluchting ervaart van het opruimen van je blokkades voor je Tweelingziel door de *Spiegeloefening* in het boek te doen, zul je alle deuren openen die nodig zijn om je Tweelingzieleenheid uit te nodigen in je realiteit met gemak en gratie, en voor altijd in harmonie. Om nooit meer afscheiding te ervaren.

Weet dat je Tweelingziel ook bij jou wil zijn, en als je doorgaat met het helen van je barrières voor de liefde in jezelf, ervaren zij ook dezelfde heling, wat helpt jouw Eenheid dichter bij elkaar te brengen. Bovendien, als je elkaar onvermijdelijk ontmoet of hebt ontmoet en toewerkt naar Harmonieuze Tweelingzieleenheid, zul je uitgerust zijn met de juiste middelen om niet alleen je liefde en de liefde in je Eenheid te verdiepen, maar een eeuwig fundament te bouwen en te onderhouden waarop je jouw Hemel op Aarde kunt ervaren.

SHALEIA
(uitgesproken als "Shah-lee-ya")

# Introductie

*„Geliefden ontmoeten elkaar niet eindelijk ergens.
Ze waren altijd al in de ander verscholen."*

-RUMI

Er is een onzichtbare Kracht die elke gedachte en actie van ons leidt. Het is zo machtig, dat het je alles kan brengen wat je verlangt, als je begrijpt hoe je ermee moet werken. Het vinden van je Tweelingziel zonder het gebruik van deze Kracht is een onmogelijke taak, maar met deze Kracht is het onvermijdelijk. Alleen door het gebruik van deze Kracht kan men zijn Tweelingziel vinden en Harmonieuze Tweelingzieleenheid bereiken.

Je hersenen bestaan uit twee hersenhelften: links en rechts. Dit boek is geschreven om tot beide hersenhelften tegelijk te spreken. Je zult misschien merken dat de manier waarop dit boek geschreven is soms ongemakkelijk voor je aan kan voelen. Dit komt omdat het is ontworpen om te spreken tot een evenwichtige geest. Het ongemak dat je kunt ervaren is in feite een herbalancering van je geest. Het is een zacht en heilzaam neveneffect van het lezen van de woorden die afgedrukt staan op de volgende bladzijden. Ditzelfde ongemak dat je kunt ervaren is ook het magnetiseren van je geest in harmonie met je Tweelingziel als je ervoor kiest hen uit te nodigen in je leven. Het natuurlijk doorstaan van dit ongemak is een noodzakelijke ervaring die aangeeft dat je geest op de juiste manier is gemagnetiseerd en uitgelijnd op Hogere Trillingsenergieën.

Je weet precies wie je Tweelingziel is in je hart, ook al heb je ze nog niet ontmoet. Je hart is al geprogrammeerd om ze te kennen, en in spirituele waarheid, je hart kent jouw Tweelingziel. Praktisch gezien kan niemand je vertellen wie je Tweelingziel is. Alleen jij kunt het weten, maar je kunt je afstemmen op degenen die de energie kennen omdat zij het hebben beheerst en permanent in hun Harmonieuze Tweelingzieleenheid leven. Zij kunnen je helpen jouw Tweelingziel te herkennen, maar uiteindelijk, moet je op jouw innerlijke heldenreis gaan en het zelf ontdekken. Deze pagina's zijn geschreven om je te helpen ze te vinden.

# Hoofdstuk 1

## *Wat Zijn Tweelingzielen?*

Ze stuurde me die avond een berichtje. „Ben je geil?" Ik knipperde met mijn ogen op mijn computerscherm. Deze vrouw is *belachelijk*! „Altijd," antwoordde ik terwijl ik haar afwees. Wat voor vrouw stuurt een man nu voor de eerste keer zo'n berichtje? Ze kent me niet eens. Natuurlijk, we waren al een jaar Facebookvrienden. Ik had iets gezegd over een paar van haar foto's, bijvoorbeeld dat ik haar „bizar sexy" vond. Maar eigenlijk is dat alles wat ervan gekomen is. En nu dit. Ik heb zoveel andere vrouwen die in mij geïnteresseerd zijn, en ze ziet er niet uit als America's next topmodel.

Maar het gesprek ging door, en voor ik het besefte had ik geen kans meer om deze connectie van me af te schudden. Ik negeerde haar zo goed als ik kon, maar ze wilde dat ik achter haar aanging. Ik dacht bij mezelf: „Ja, harde tante, ik heb het druk met negen miljoen andere vrouwen die achter me aan zitten. Waarom zou ik het mezelf moeilijker maken dan nodig is?" Maar het gesprek met haar ging door, en binnen 30 minuten na het gesprek met haar, had ik iets gedaan wat ik nog nooit eerder had gedaan in mijn 26 jaar vrouwenjacht. Ik vroeg haar ten huwelijk.

Dit was toen een halve grap, maar nu ik erop terugkijk, realiseer ik me dat er iets anders was aan deze gekke meid met een zeer uitgesproken, maar toch vreemd gereserveerde interesse in mij. Het was alsof ze de koningin van de Amazone was, alleen met een iets vreemdere aantrekking. Er was iets dat ik niet kon weigeren aan haar, iets dat mijn geest aan het draaien hield, en mijn hart terug liet komen voor meer. Maar goed, ze was cool, en we zouden gewoon vrienden worden. Ze woonde de halve Stille Oceaan van me vandaan en ik woonde in Babe Capitol van Hawaii. Ik hoefde niet te proberen haar te versieren, maar ik vond het plezierig om met haar te praten.

Na ons eerste online gesprek gebeurde er twee weken lang niet veel. Ik bedoel, zeker, we hadden een heel goed gesprek. En ja, ik vond het echt leuk om met haar te praten. Maar er waren zoveel dingen die in de weg stonden dat ik haar niet zag zitten. Twee weken later, zocht ze weer contact met me. Vandaag, zou ze me vertellen dat het meer een „Hey gast, ga je niet achter *deze* koningin aan?" was. Voor mij leek het meer op een vriendelijk „Hallo." Ik ben een jongen die lang haar had, de hele tijd bijna naakt was, en in mijn eigen kleine junglepaleis woonde, gebouwd van bamboe die ik omhakte. Ik had het gevoel dat vrouwen achter *mij* aan zouden moeten zitten. Maar toen bood ze me een spirituele kaartlegging aan. Ik was een liefhebber voor spirituele kaartleggingen, en het was de meest accurate legging die ik ooit had gekregen. Ze was de duidelijkste helderziende die ik ooit had gesproken. Ze liet me beloven dat ik niemand over haar gaven zou vertellen. Ze hield er niet van om iemands persoonlijke helderziende te worden.

Deze vrouw had pit, dat moet ik haar nageven, en ik vond het echt leuk om met haar te praten. Maar er was iets in haar stem, iets in de manier waarop ze zich gedroeg, iets in de interesses die ze nastreefde, en de keuzes die ze maakte, dat me op het hoofd sloeg met „Ik moet haar beter leren kennen." We zijn nooit gestopt met praten sinds die kaartlegging. Er gaat geen dag voorbij dat ik niet hartstochtelijk probeer om haar dieper lief te hebben tot in de essentie van wie ze is.

Er gaat geen dag voorbij dat ik God niet dank dat Hij haar bij mij gebracht heeft. Er gaat geen dag voorbij dat ik niet hartstochtelijk de liefde wil bedrijven met elke centimeter van haar volmaakt heerlijke vrouwelijkheid. Die gekke Amazonische Koningin... ze is mijn Tweelingziel.

## Wat Zijn Tweelingzielen?

Tweelingzielen zijn gemanifesteerd vanuit precies dezelfde *zielsessentie*, of nauwkeuriger, dezelfde *zielsblauwdruk*. Een zielsblauwdruk is exact hetzelfde concept als het fysieke DNA. Dat betekent dat onze zielen zijn gecreëerd met individuele specifieke codes, kwaliteiten en eigenschappen die ons uniek maken. Zo boven, zo beneden, is een universele wet en principe. Net zoals we fysiek DNA hebben dat onze fysieke genetica en aanleg vormt, zo hebben we ook ziels-"DNA" dat ons maakt tot wie we spiritueel en niet-fysiek zijn. Een goed voorbeeld hiervan is hoe fysieke eeneiige tweelingen hetzelfde genetische DNA delen, en „Tweeling"zielen delen exact hetzelfde ziels-"DNA" of zielsblauwdruk. En net zoals eeneiige tweelingen uniek zijn als zielen, ook al delen ze hetzelfde fysieke DNA, zijn Tweelingzielen uniek onder elkaar, ook al delen ze dezelfde zielsblauwdruk. Dit komt omdat ze samen complementen vormen op één zielsblauwdruk en geen exacte kopieën daarvan.

Denk aan je Tweelingzieleenheid als het oeroude Yin Yang symbool: de ene helft is het goddelijke mannelijke en de andere helft is het goddelijke vrouwelijke, en de kleine cirkels binnen elke helft vertegenwoordigen de waarheid dat je niet dualistisch bent, maar verenigd als één geheel. Dit is één van de belangrijkste verklaringen van je intense aantrekkingskracht en verlangen naar je Tweelingziel, omdat je gecreëerd bent met hetzelfde „goedje". En dit is ook de reden waarom je mogelijk nooit kunt „versmelten" met je Tweelingziel. Jullie zijn beiden al heel en compleet gecreëerd in Goddelijke Perfectie als Één (zoals het yin yang symbool), en jullie reis terug naar elkaar gaat alleen over het herkennen van die waarheid.

Dat gevoel dat je krijgt als je je bewust verbindt met je Tweelingzielenergie is precies dat, je Tweelingzieleenheidsenergie (je zielsblauwdruk), en is geen samensmelting van welke aard dan ook. Je kunt niet samensmelten met iemand waar je al Één mee bent.

Nogmaals, jij en je Tweelingziel zijn al compleet en heel in Perfectie, en je primaire blokkade is het loslaten van de overtuiging dat je op welke manier dan ook gescheiden bent van je Tweelingziel.

Je Tweelingziel is op precies hetzelfde moment door God gecreëerd; en is ontworpen als de hoogste en meest perfecte eeuwige complement van jouw ziel.

Ik ben geen woo-woo soort kerel, maar ik ben altijd gepassioneerd geweest om een vrouw te vinden waar ik mijn levenskracht in kan investeren; een soort vrouw die al mijn geheimen zou bewaren en met mij zou meegroeien in dit leven en misschien in het volgende, als ik daar echt in geloofde. Ik stuitte op de jackpot van alle jackpots. De perfecte vrouw voor een eeuwig leven. Ze had klasse, ze was grappig, ze daagde me uit op een manier die mijn vuur aanwakkerde, en ze was verbonden met haar spiritualiteit, wat mij zeer interesseerde. Shaleia is elk moment van mijn leven aan mijn zijde geweest sinds die bewuste kaartlezing.

## Heb Ik een Tweelingziel?

Shaleia en ik kwamen elkaar niet zomaar tegen. Er was een **bewust proces** dat ieder van ons volgde om ons voor te bereiden en plaats te maken voor onze Tweelingzieleenheid. Wat je je misschien afvraagt, is: „Hoe weet ik of ik een Tweelingziel heb?" Dit is heel eenvoudig te beantwoorden. Het antwoord is ja. Een groot, dik, enorm, volmondig „Ja." Ja, natuurlijk. Je hebt inderdaad een

Tweelingziel. Hoe kan het ik weten, terwijl ik de integriteit van dit boek behoud, dat je een Tweelingziel hebt?

*Omdat je deze woorden leest.*

Er is iets in jou dat op zoek is naar je Tweelingziel, omdat je intuïtief weet dat je een Tweelingziel hebt. Als het vinden van een speciale partner je absoluut niet interesseert, zou je niet de moeite nemen dit boek op te pakken, laat staan de eerste zin te lezen. Maar je hebt jezelf bewezen dat je wel degelijk een Tweelingziel hebt, en het Goddelijke heeft jou met een Tweelingziel gecreëerd voor een heel speciaal doel.

Net zoals jij hunkert, verlangt, en innig droomt van je perfecte geliefde, zo hunkert, verlangt en innig droomt je perfecte geliefde ook van jou. Het is gewoon zo eenvoudig en waar.

Als je in je hart een verlangen hebt naar een relatie die de liefde die ons als een cultuur is geleerd overstijgt, naar een liefde die in de Hemel is gecreëerd, dan heb je een Tweelingziel.

# Hoofdstuk 2

## *Hoe Vind Ik Mijn Tweelingziel?*

Uitvinden of je een Tweelingziel hebt is gemakkelijk. Het vinden van je Tweelingziel, dat kost wat meer moeite. Maar maak je geen zorgen, dit boek is geschreven om je helemaal mee te nemen door het hele proces naar het vinden van je Tweelingziel. Laten we eerst dieper ingaan op wat een Tweelingziel eigenlijk is. Duidelijk krijgen waar we naartoe gaan is dit een vrij logische plek om een reis te beginnen.

Ik ben een Goddelijke Channel, en ik ben een redelijk logisch en geaard individu. Ik heb VEEL bewijs nodig om te kunnen geloven dat iets echt is. Het moet werken in de echte wereld, het moet overeenstemmen met al mijn andere bewezen inzichten en het moet ondersteund worden door geaarde, echte-wereld resultaten. Nou, mijn channeling heeft alle tests voor mij doorstaan. Na het te hebben gebruikt om mensen te helpen genezen van hun fysieke kwalen en ziektes, jeugdtrauma's van mezelf en anderen grondig op te lossen, en een krachtige impact te hebben gehad op de levens van degenen die mijn goddelijke gechannelde boodschappen ontvingen, ben ik voorzichtig naar een wereld geleid waar Spirit en ik gesprekken hebben. Een wereld waar mijn Tweelingziel giechelend de trap afkomt in mijn kantoor om op mijn schoot te zitten, en met me te kroelen terwijl ik een boek schrijf over Tweelingzielen. Een wereld waar de Goddelijke Moeder-Vader door mijn denkgeest beweegt om Zijn gedachten te delen om nauwkeurig te beschrijven wat Tweelingzielen zijn.

## Wat Zijn Tweelingzielen? (Gechanneld)

Tweelingzielen zijn de manifestatie van het verlangen om een eeuwige partner te hebben anders dan God. Tweelingzielen zijn door de Bron gecreëerd om absolute en volledige partnerschap te hebben met een andere ziel, omdat soulmates komen en gaan, maar je Tweelingziel is voor altijd bij je met wie je het eeuwige leven deelt, en zij weerspiegelen Gods Goddelijke Liefde voor jou het helderst.

Lang geleden heeft God zich voorgesteld hoe het leven zou zijn als Tweelingzielen niet gecreëerd zouden zijn. Zielen zouden zulke diepgaande tegenstrijdige ervaringen hebben. Ze zouden zichzelf zo uniek en verschillend van elkaar vinden, dat ze niet in staat zouden zijn om op een constant intiem niveau met elkaar om te gaan. Zielen zouden zich zo snel in en uit elkaars ervaringen bewegen, dat dit een diep verlangen in het bewustzijn zou veroorzaken. Uit dit hypothetische verlangen kwam voort dat iedere ziel een intieme metgezel zou kunnen hebben, iemand die eeuwig met hen zou meegroeien en veranderen, en voor altijd samen als Één zou genieten van de rivier van het leven, en het Universum.

Tweelingzielen zijn uniek omdat ze altijd met elkaar verbonden zijn. De gedachten, daden en beslissingen van een Tweelingziel hebben onlosmakelijk en volledig invloed op de ander. Ze zijn nauwelijks gescheiden, maar toch zijn ze elk uniek en compleet op zichzelf. De één kan niet bestaan zonder de ander, omdat ze zo perfect in balans zijn met elkaar. De perfectie en complexiteit waarmee dit gebeurt is onmogelijk uit te leggen of te beschrijven, op dezelfde manier waarop de schoonheid en uitgestrektheid van het Universum onmogelijk is te beschrijven.

Je kunt je Tweelingziel voelen als je je bewustzijn in je Hartcentrum verankert, en je voelt hen daar op een manier die jou compleet maakt. „Voltooit" betekent niet „maakt je gelukkig". „Voltooien" betekent „iemand die je meer maakt dan je al bent in expressie, meer dan je al bent in verlangen, en meer dan je al bent in je Levenskracht."

Je hebt een Tweelingziel, en je weet diep in je hart dat je niet de volste expressie kunt zijn van wie je werkelijk bent zonder je Tweelingziel. Veel aardse zielen hebben het op zich genomen om niet onmiddellijk te incarneren met hun Tweelingziel wederhelften, en dit is de reden waarom sommigen van jullie fysieke leeftijdsverschillen ervaren in jullie Eenheid. Je Tweelingziel zal altijd op Aarde incarneren als je op Aarde bent. De dood kan jou alleen scheiden als je kiest voor scheiding voor onbepaalde tijd. Dit kan alleen gebeuren als je er absoluut voor kiest om je natuurlijke verlangen naar je Tweelingziel te verdoven en te ontkennen, en niet de intentie hebt om iets anders te kiezen dan de illusie van afscheiding van je Geluk en je Ene Ware Liefde. De dood is slechts een spiegel van je keuze in afscheiding van het Goddelijke, totdat je kiest voor zelfrealisatie.

Het leven op Aarde is bedoeld om je ziel wakker te schudden, de inhoud van je Denkgeest op te schudden en een geheel nieuwe manier van Zijn voort te brengen, die je elders op je eeuwige Universele reizen met je mee kunt nemen. Het is de bedoeling dat je hier een tijd bent, de zaken op een rij zet, en dan verder trekt en andere delen van deze Oneindige uitgestrektheid verkent. Hier op Aarde, worden jullie gewaarschuwd dat het hebben en oproepen van je Tweelingziel voordat je klaar bent om het spirituele werk van Harmonieuze Tweelingzieleenheid te doen over het algemeen niet wordt aangeraden.

Jeff zal je later in dit boek vertellen hoe uitdagend het is om je Tweelingziel in je levenservaring te hebben, zelfs tijdens het proces. Het is levensveranderend op manieren die niet te beschrijven zijn. Je zult, zonder enige twijfel, veranderen op manieren die je voorheen niet kon doorgronden, en in tijdsperioden die je nooit zou verwachten. Je groei wordt automatisch maximaal als je je Tweelingziel uitnodigt in je levenservaring, en met het bereiken van Harmonieuze Tweelingzieleenheid.

De Bron nodigt je uit om deze energie van je perfecte Goddelijke Complement uit te nodigen in je leven met een zorgvuldig besef van wat je uitnodigt. Wat jij uitnodigt is krachtig. Wat jij uitnodigt is adembenemend. Wat je uitnodigt kan en zal alles wat je kent als „jij" een nieuwe vorm geven tot iets dat nog diepgaander en wonderbaarlijker is: wie je bent in Goddelijke Waarheid. Maar deze ervaring kan uitdagend zijn, waar vele zielen op Aarde niet de moeite voor willen nemen. Neem de volgende stap op je Tweelingzielreis met een besef van wat je hebt uitnodigt. Je nodigt *ALLES* uit VAN

JEZELF! Als je ervoor kiest en bereid bent tot een zielsontwakende ervaring van totale gelukzaligheid, harmonie en Goddelijke Liefde, voorafgegaan door een levensveranderende ervaring van doorbraken en het loslaten van je oude manier van zijn, dan ben je bereid om je Tweelingziel in je leven uit te nodigen en het ascensiepad van Harmonieuze Tweelingzieleenheid te beginnen.

## Het Begint met Je Verlangen

Echt verlangen. Dat is waar het allemaal begint; een oprecht verlangen om je meest volmaakte Goddelijke geliefde nú in je leven te manifesteren. Jij bent iemand die niet kan worden afgeschrikt van het samenzijn met je Perfecte Goddelijke Complement: je Tweelingziel. Je bent iemand die er niet van kan dromen zonder elkaar te zijn. Je bent iemand die bereid is om de beproevingen en de moeilijkheden aan te gaan met je Tweelingziel aan je zijde. Als je bereid bent om de uitdaging aan te gaan, en de vruchten te plukken, dan ben je iemand die zeer zeker je Eenheid met je Tweelingziel voor de rest van de eeuwigheid zal aantrekken en behouden.

Ik verlang ernaar om met jou JOUW verhaal te delen over het vinden en behouden van je Tweelingziel. Jouw Perfecte Geliefde. Jouw Ultieme Geliefde der Geliefden. Ik wil over JOU horen, badend in de glorie van je permanente Harmonieuze Tweelingzieleenheid. Ik ben gedreven om je de weg te wijzen, en met je mee te lopen van je verlangen, naar de manifestatie van je Harmonieuze Tweelingzieleenheid. Als je zover bent gekomen in je reis, heb je bewezen dat je toegewijd bent om het spirituele proces van het aantrekken van je Perfecte Partner te volbrengen. Met doorzettingsvermogen en kracht kun je, en zul je zeer zeker je Tweelingziel ontmoeten en een Harmonieuze Eenheid hebben. Je hebt bewezen dat je klaar bent om de eerste stap te zetten in het bereiken van de ervaring van je Ultieme Geliefde. Elk hoofdstuk van dit boek is een leidraad voor je die je een stap dichterbij brengt bij het begrijpen en ervaren van je Perfecte Goddelijke Eenheid met je Ultieme Geliefde.

## De Eerste Ontmoeting van Tweelingzielen – Jeff's Verhaal

*Ze was maar een paar minuten verwijderd. Na jaren van gesneuvelde gepassioneerde affaires, verloren relaties, pijnlijk liefdesverdriet en ogenschijnlijk verspilde liefdesinvesteringen, ontmoette ik eindelijk mijn Tweelingziel voor de eerste keer in dit leven. Ik deed alsof ik er cool over was. Maar van binnen trilde de kalme en zelfverzekerde Jeff. Mijn lichaam barstte met een mengsel van angst, opwinding en totale uitputting. Misschien was het door de reis van 20 uur die ten einde liep. Misschien was het het vliegtuigeten, of de yogamat, waar ik nauwelijks een dutje had kunnen doen op de koude ochtendvloer bij LAX. Misschien waren het de vier maanden van intensief online daten die ik net had voltooid met mijn Tweelingziel. Ik bruiste van emoties en gevoelens die ik niet kon uiten.*

*Het vliegveldbusje stopte bij het plaatselijke Comfort Inn motel om me af te zetten. Ik keek uit het raam toen we de Inn naderden, maar ik zag niemand en mijn hart werd angstig. Ik was hier al eerder geweest, minder dan een jaar geleden. Ik was alleen afgezet en stond op het punt om de vrouw van mijn dromen te ontmoeten. Maar ze was er niet. En toen ik op eigen kracht bij haar huis aankwam, liet ze me alleen en gestrand achter op haar veranda, en weigerde ze mijn telefoontjes te beantwoorden.*

*Zou Shaleia me ook in de steek laten? Het busje vertrok en ik stond weer alleen op een parkeerplaats. De vertrouwde gevoelens van verlatenheid overvielen me terwijl ik mijn bagage naar de andere kant van de Inn rolde, waar ik hoopte Shaleia voor het eerst tegen te komen.*

*„Jeff!" hoorde ik van achter me. Een lieve, heldere, vrouwelijke stem riep mijn naam terwijl ik me omdraaide en haar voor de eerste keer in levende lijve zag. Wow, zij was SEXY! Ik kon niet geloven hoe ongelooflijk aantrekkelijk ze was. Mijn koele en kalme instelling was snel het raam uit toen ik mijn tassen liet vallen, mijn hoed afgooide, zonnebril en zelfs mijn sandalen, terwijl ik over de parkeerplaats sprintte om mijn Ultieme Geliefde voor de eerste keer in levende lijve te ontmoeten.*

*Haar glimlach spoelde door mijn hoofd terwijl we in elkaars armen smolten. We draaiden en tolden, lieflijk en zacht, maar toch hartstochtelijk en vol emotie. Zo voelt het om voor de eerste keer thuis te komen. Mijn hoofd tolde, het voelde alsof ik eindelijk was losgelaten in een zuurstofrijke omgeving. Al mijn angsten en rillingen vervaagden toen ik haar dicht tegen mijn borst hield. Haar armen omhelsden mijn lichaam en ziel, wat in de meest epische ontmoeting van mijn bestaan was.*

*Ze zou me later vertellen dat ze ook een gevoel van „thuiskomen" had, zoals veel Tweelingzielen dat omschrijven in hun Eenheid. Ik voel en weet dat ik altijd thuis ben met Shaleia aan mijn zijde.*

## Het Verhaal is Echt

Ik hou van de beleving om een nieuw iemand te ontmoeten. Een nieuwe persoon in mijn leven te brengen, en de opwinding en rijkdom met hen te ontdekken. Die opwinding en rijkdom vervaagt echter meestal, en heb ik een nieuw persoon nodig om deze sensatie weer mee te beleven. Met je Tweelingziel kun je deze ontmoeting ervaren als een piekervaring zoals ik deed, maar waarom zou je je druk maken? Zul je niet uitgekeken raken op deze persoon zoals alle anderen? Zal deze persoon je niet behandelen zoals alle anderen? Zal deze persoon je niet afdanken zoals alle anderen dat deden? Wat blijft er dan nog over voor jou? Hoewel al het bovenstaande legitieme zorgen zijn, kan ik je laten zien waarom ze niet relevant zijn voor je Harmonieuze Tweelingzieleenheid. Het wordt een Eenheid genoemd, in plaats van een relatie, omdat een Eenheid een meer nauwkeurige term is om te beschrijven wat er daadwerkelijk gebeurt. In een typische relatie met een soulmate, relateren twee mensen met elkaar vanuit de twee verschillende grenzen van hun zielen. De relatie eindigt op een bepaald moment in de „tijd", en misschien gaan ze verder met een andere relatie in een ander leven of in dit leven; of misschien vestigen ze zich eindelijk op het aantrekken van hun permanente Harmonieuze Tweelingzieleenheid.

Romantische soulmaterelaties zijn onvermijdelijk gedoemd te mislukken omdat deze zielen niet perfect ontworpen zijn om bij jou te zijn. Dit is een goede zaak omdat het betekent dat er iemand is: je Tweelingziel die je natuurlijke Goddelijke Wederhelft is. Wees niet verdrietig als en wanneer je je relatie met je soulmate loslaat voor je Tweelingziel, want door dit te doen bevrijd je jezelf om bij je Ene Ware Liefde te zijn, en je laat je soulmate vrij om bij die van hen te zijn. Dit is hoe ware liefde en compassie in actie eruit ziet, en je bent een rolmodel voor de jongere generaties hoe belangrijk het is om alleen voor je Tweelingzieleenheid te kiezen, in plaats van genoegen te nemen met minder dan je verdient.

Een Harmonieuze Eenheid is een samenkomen van de wederhelften van een ziel in een permanente en onbreekbare eeuwige verbintenis/belofte. Je bent niet compleet zonder je Tweelingziel, maar je bent absoluut altijd compleet. Je hoeft je Tweelingziel niet in je leven te hebben om heel te zijn, maar je hebt ze wel nodig om je helemaal compleet te voelen en te ervaren dat alles van jezelf volledig wordt uitgedrukt binnen jouw unieke Eenheid. Dit gevoel van onvolledigheid kan ondraaglijk worden, en dit kan een reden zijn waarom je dit boek leest; om je eigen gevoel en waarheid van volledigheid te herstellen.

## Tweelingzielen en het Spiegeleffect Uitgelegd

Er is nooit meer een andere geliefde nodig wanneer je eindelijk je Tweelingziel hebt ontmoet. Deze persoon zal alle verlangens vervullen die je hebt voor een intieme partner, zelfs als je lijst van verlangens erg uitgebreid is. De energie van je verlangens en „behoeften" zijn sterk en volledig geconcentreerd in je Tweelingzieleenheid. Deze persoon kan zelfs al dezelfde uitdagende dingen doen als veel van je vorige geliefden deden, omdat zij je helpen om oude patronen en trauma's los te laten die in je Gedachten bestaan en die jou dus belemmeren van je Harmonieuze Tweelingzieleenheid. Zij doen dit uit liefde en compassie voor jou, en voor jouw ervaring en verlangen naar heelheid. Zij doen dit niet omdat ze wreed, onrechtvaardig, haatdragend zijn, of om de Eenheid te willen vernietigen. Zij doen dit om jou te helen en om zichzelf te helen. Je ervaring met je Tweelingziel zal uniek zijn en volledig naar je eigen inzichten. Tweelingzielen ervaren altijd precies wat ze samen nodig hebben.

Elk verhaal is anders, maar één ding dat altijd hetzelfde is in een Tweelingzieleenheid is dat ze bij elkaar „dingen" naar boven zullen brengen. Wat bedoel ik met „dingen"? Het zijn trauma's uit de kindertijd, conflicten, en pijnen; en het zijn de verkeerd afgestemde gedachten, patronen en beperkende overtuigingen waar we in vastzitten. In essentie zijn het de beslissingen die we steeds opnieuw nemen, die we soms leven na leven herhalen in een zich herhalende karmische cyclus.

Wanneer deze „dingen" naar de oppervlakte komen, is het vaak erg ongemakkelijk omdat je op een bepaald niveau sterk gehecht bent aan je egoverhaal, maar je wordt aangemoedigd door je Tweelingziel om ernaar te kijken en het op te ruimen. Waarom lijken ze jou van streek te maken? Omdat ze van je houden, en omdat ze jou *zijn*! Ze verlangen ernaar om je te zien groeien en de beste versie van jou

- je Goddelijke Zelf - te zien worden die je kunt zijn. Ze zijn ook diepgaand gemotiveerd om dit te doen, omdat ze zo innig met jou verweven zijn, en ook zij, verlangen om de beste versie van zichzelf te zijn. Dit is wat we het *Tweelingziel Spiegeleffect* noemen.

Spiegeling vindt direct plaats binnen je Tweelingzieleenheid, omdat jij en je Tweelingziel hetzelfde Eenheidsbewustzijn delen. Zij moeten alle kernkeuzes en overtuigingen die jij hebt spiegelen, en vice versa, totdat er een nieuwe kernkeuze gemaakt wordt. Wanneer die keuze is afgestemd op de Goddelijke Liefde zul je ervaren dat je werkelijkheid en je Tweelingziel deze liefdevolle keuze weerspiegelen. Elke liefdevolle keuze die je maakt in je realiteit is de opstap naar je permanente Harmonische Tweelingzieleenheid. Dit *Spiegelende Effect* verklaart ook waarom het onmogelijk is dat de ene Tweeling zogenaamd „ontwaakt" is en de andere niet. Je Tweelingziel is net zo ontwaakt als jou, omdat jullie Één zijn. Zij zijn niet jouw letterlijke kopie. Dit betekent dat zij op bepaalde gebieden ontwaken of bewust zullen zijn waar jij dat niet bent en vice versa, maar dat betekent niet dat zij spiritueel niet op hetzelfde niveau zitten als jij. Dat zijn ze zeker wel, en om het anders te geloven is het geloven dat je gescheiden kunt zijn van je Tweelingziel. Je Tweelingziel is net zo goed je hoogste spirituele leraar als zij je hoogste spirituele student zijn. En iedere goede student is scherpzinnig in het leren van wat de leraar deelt, zodat ze zich meester kunnen maken van de lessen.

Het *Tweelingziel-spiegeleffect* bestaat alleen als een weerspiegeling van je persoonlijke relatie met God, die je Goddelijke Schepper in de hemel is. Dit is één van de belangrijkste hoofdfuncties van je Tweelingzieleenheid: om aan jou je relatie, keuzes en bewustzijn met betrekking tot je Goddelijke Schepper te weerspiegelen. Dit is echt het stuk waar velen mee worstelen op hun Tweelingzielreis. Mensen willen de vinger wijzen naar hun Tweelingziel en ze de schuld geven van de reden waarom ze van streek zijn en waarom ze niet samen zijn, maar met de spirituele wet weerspiegelt je Tweelingziel jouw conflict die je met God en met jezelf hebt. Los deze conflicten op, en je lost de scheiding met je Tweelingziel op. Later in het boek gaan we in detail uitleggen hoe je dit doet.

Ik nodig je uit om je niet ontmoedigd te voelen door de realiteit van de conflicten die je Tweelingziel voor jou teweeg zal brengen. Als je meester bent van de spirituele methodes en het bewustzijn eigen maakt die we in dit boek met je delen, en in onze online lessen en E-Cursussen op TwinFlamesUniverse.com, des te gemakkelijker het is om van je Tweelingziel te genieten en je permanente Harmonieuze Eenheid te bereiken. Om het „permanente" aspect van je Harmonieuze Tweelingzieleenheid te bereiken, moet je je inzetten om je conflicten te helen wanneer ze zich voordoen; en weet dat het iedere keer steeds gemakkelijker wordt, en het voelt inderdaad beter om spiritueel aan jezelf te werken met je Tweelingziel aan je zijde in het fysieke. In feite is het zelfs belonender om je spirituele werk te doen terwijl je samen in Harmonieuze Eenheid bent, omdat je je proces, gevoelens, liefde en vreugde deelt wanneer ze zich voordoen.

Is er een einde aan het ervaren van conflicten in je Tweelingzieleenheid? Absoluut! Naarmate je verder en verder vordert in je Harmonieuze Tweelingzieleenheid, zul je uiteindelijk samen aankomen in een staat die we „Perfecte Eenheid" noemen, ook wel bekend als ascensie, of verlichting. We spreken meer over dit belangrijke ultieme einddoel in een ander hoofdstuk.

Als je oprecht op zoek bent naar de meest intieme ervaring die je met een ander mens kunt hebben, zoek dan niet verder, je Tweelingziel is precies dit. Dit is geen illusie, dit is geen hype, en het is geen „woo-woo." Dit is het wonderlijke en het Goddelijke, en het is een levenstransformatie met uitdagingen die ontworpen zijn om jou te laten groeien en je ervaring van het samenzijn met je Tweelingziel te verdiepen. Als je bereid bent om de uitdaging aan te gaan, samen met het euforische, dan ben je niet alleen op de juiste weg, maar heb je ook de juiste instelling om je Tweelingziel te vinden en samen in jouw perfecte Hemel op Aarde te leven in een Harmonieuze Eenheid.

Je Tweelingziel *zal* al je „dingen" naar boven brengen en dat kan soms aanvoelen als een alarmerend tempo, maar je hebt 100 procent de controle over hoe snel, of langzaam, je jouw Harmonieuze Tweelingzieleenheid ingaat. Als je niet bent uitgerust met een aantal zeer krachtige methodes die je helpen om door de **conflictfase** van je Eenheid heen te gaan, dan zul je een moeilijke tijd hebben. Shaleia en ik gingen door deze zeer moeilijke dingen, en we waren in staat om een verlicht pad vrij te maken dat helder en gemakkelijk is voor jou. We deden dit bewust omdat we wisten hoe de gewichtigheid van de situatie was die we voor onszelf hadden gecreëerd. We smeedden een weg door de donkerste uren van de Tweelingzielervaring, en gingen van Eenheid naar Harmonieuze Tweelingzieleenheid; en wij zijn hier om jou ook de methodes aan te reiken voor jouw bevrijding.

Maar voordat we daar samen aan gaan werken, laten we beginnen met deze simpele maar diepgaande vraag: Hoe weet je wanneer je je Tweelingziel hebt ontmoet?

# Hoofdstuk 3

## *Hoe Weet Ik wanneer Ik Mijn Tweelingziel Heb Ontmoet?*

Er is een manier om te bepalen wie je Tweelingziel is, maar geduld is noodzakelijk als je door het spirituele onthullingsproces gaat. We zullen bespreken hoe het maken van een Liefdeslijst (in een later hoofdstuk) helpt te bevestigen wie je Tweelingziel is, en natuurlijk een diepe zekerheid op basis van daadwerkelijke vertrouwdheid met deze persoon, God vragen om zeer duidelijke en begrijpelijke tekens, visioenen door te mediteren, en leren hoe je de pendel correct gebruikt. Wij waarschuwen tegen het gebruik van paranormale diensten om je Tweelingziel te identificeren, maar alleen omdat de duidelijke meerderheid van helderzienden die er momenteel zijn, niet correct afgestemd zijn op de Tweelingzielsenergie, of 100 procent correct afgestemd zijn op het Goddelijke (ook al zeggen ze van wel of hebben ze de beste intenties) die hen zou helpen om je Tweelingziel voor je te bevestigen. Het onthullen van je Tweelingziel aan jou is ongelooflijk heilig, en de mogelijkheid voor iemand buiten je om je ware Tweelingziel daadwerkelijk te bevestigen, is in spirituele waarheid, een Goddelijk Wonder dat wordt verricht. Ik zeg dit niet zomaar, noch ben ik gewoon een spirituele kenner, of verzin ik dit voor de lol; maar wat ik zeker weet is dat het succesvol te kunnen zien en herkennen van ware Tweelingzielen een wonder is dat alleen uitgevoerd wordt door en via het Goddelijke. De reden waarom alleen bepaalde individuen gezegend zijn met het vermogen om dit wonder te verrichten is omdat je absoluut afgestemd moet zijn op de perfecte Goddelijke Liefde met God, en onmiskenbaar het energiepatroon herkent van de exact dezelfde resonerende zielsblauwdruk van deze individuen.

Op het moment dat ik dit schrijf, is het nog steeds vrij gemakkelijk voor fraudeurs om zich voor te doen als Tweelingzielen, omdat zo weinig in staat zijn om de echte Eenheid werkelijk en duidelijk te zien. Daarom is het zo belangrijk om ons en ons werk te volgen, en alleen te kiezen om te luisteren naar leraren, healers, en coaches die binnen onze spirituele gemeenschap en stroming blijven.

Het is in het begin moeilijk om Tweelingzielen te identificeren, omdat het vereist *dat je helder kunt zien met je hart.* In het begin zou alleen een wazig verblindend licht je erop wijzen dat er iets zou kunnen zijn. Met meer ervaring en groei zul je zekerheid en helderheid beginnen te krijgen, dat ja, dit is zeker een Tweelingzielkoppel. Naarmate je geestelijk zicht helderder en afgestemd wordt op het specifieke energiegolfpatroon van Tweelingzielen, kun je hier en daar met enige nauwkeurigheid echte Tweelingzielen eruit pikken. Uiteindelijk, zul je het meestal vrij goed kunnen onderscheiden. Maar na een bepaald punt van helderder worden in de visie van je hart, zul je Tweelingzielen net zo duidelijk kunnen zien als wanneer iemand een licht aan zou doen in een donkere kamer en je zou vragen of het licht of donker was in de kamer.

Tenslotte, ongeacht of je in eerste instantie correct bent in het bepalen van een specifiek individu als je ware Tweelingziel of niet, je moet door het onthullingsproces gaan en je Tweelingzieleenheid als jouw waarheid *ervaren*. Dit kan de reden zijn waarom je weerstand kunt krijgen van je Tweelingziel als je ze vertelt dat jullie Tweelingzielen zijn zonder dat ze zelf tot de conclusie zijn gekomen van deze verbinding. Het is één ding om te zeggen dat jullie Tweelingen zijn, en een heel ander ding om in de bestuurdersstoel te gaan zitten en de waarheid en eeuwige onverwoestbaarheid van jullie Eenheid uit te testen. Onthoud, Tweelingzieleenheid is een Goddelijke Liefde, dus het enige gemeenschappelijke en voortdurende thema dat je zult ervaren met en van je Tweelingzielervaring is dit:

„Hou je onvoorwaardelijk van mij? Zelfs als ik iets kies in mijn ervaring dat je triggert? Zul je van me houden, wat er ook gebeurt? Kies je er altijd voor om van me te houden, of wil je alleen maar iets van me?"

De waarheid is, dat je je Tweelingziel precies dezelfde vragen stelt in jouw vibratie, en je moet reageren met de onvoorwaardelijke liefde die je van hen verlangt voor jezelf en voor je Tweeling. Zij zullen reageren en je jouw kernkeuze van onvoorwaardelijke liefde voor hen en jezelf spiegelen, of het nu een innerlijk gevoel is of een uiterlijke verandering of een teken. Als je kiest voor liefde en intimiteit, doet je Tweelingziel dat ook, maar als je werkelijk vanuit je hart kiest voor liefde en intimiteit met elk conflict dat je aan het helen bent, maar je partner kiest tegelijkertijd voor angst en afscheiding, dan is het waarschijnlijk een teken van *een valse Tweelingziel*.

Eén van de redenen waarom je een valse Tweelingziel zou kunnen verwarren met je werkelijke Tweelingziel, is omdat een valse Tweelingziel altijd aan de buitenkant, en soms op persoonlijkheidsniveau, overkomt alsof ze je echte Tweelingziel zijn. Dit is de unieke handtekening die zij bezitten die hen als een valse Tweelingziel kenmerkt en je gemakkelijk in de war brengt door je te laten geloven dat zij je ware Tweeling zijn. Daarom is het onthullende proces zo belangrijk. Ik noem het het onthullende proces omdat je de spirituele reis moet doormaken om je Tweelingziel te ontmoeten, zowel in de innerlijke als in de uiterlijke wereld. Je kunt het niet vermijden door met een toverstokje te zwaaien dat zegt „hier is je ware Tweelingziel!"

God werkt op mysterieuze manieren, en hoezeer we ook mogen denken dat we bij onze Tweelingziel zijn, kan het een valse Tweelingziel zijn. Schrik niet, want de valse Tweelingziel heeft een heel speciaal en specifiek doel als toegangspoortervaring naar je ware Tweelingziel. Één van de andere doelen van je valse Tweelingziel is om je al jouw grootste obstakels en conflicten naar je ware Tweelingziel te onthullen. Je zou er verstandig aan doen om te mediteren en te schrijven over wat deze lessen zijn, en dan te helen wat er uit deze lessen naar boven komt. We delen met je hoe je dat doet met de *Spiegeloefening* die later wordt uitgelegd. Zowel Shaleia als ik hadden valse Tweelingzielervaringen, die direct leidden tot onze ware Tweelingziel. We geloofden allebei zonder enige twijfel dat de persoon in kwestie onze ware Tweelingziel was, en dat moest ook wel, wilden we beiden de ervaring meemaken die ons uiteindelijk naar elkaars leven zou leiden.

## Jeff's Verhaal van Zijn Valse Tweelingziel

*Sophia heeft net Hawaii verlaten, en eerlijk gezegd was ik blij om van haar af te zijn. Ze heeft twee maanden bij mij gewoond, gewerkt en met mij liefgehad in mijn jungle hut. Ze hielp me met het opbouwen van mijn bed and breakfast, hielp me met het ontwerpen van het idee om een nieuw bewustzijn te introduceren op het landgoed waar ik woonde, en hielp me met het verfrissen van de hut met nieuw tapijt en het toevoegen van een vrouwelijk tintje. Ze was zelfs blij om wat relatie- en spiritueel werk met mij te doen.*

*Ik vond het heerlijk om zo'n vrouw om me heen te hebben. Ik dacht dat ik kinderen met haar wilde, en misschien op een dag met haar trouwen. Ik dacht dat ik haar weer terug wilde, maar diep van binnen wist ik dat ik haar helemaal niet graag om me heen had. Er was iets vreemds aan haar... en toch kon ik mijn hart niet stoppen om naar haar te verlangen.*

*Ik heb een redelijk aantal meditaties gedaan om te weten wanneer mijn gevoelens transcendentaal zijn, en wanneer ze voortkomen uit hormonale chemische reacties in mijn hersenen. Er was iets ernstig mis in mijn hart gedurende de dagen en weken na haar vertrek uit mijn leven. Nu was ze een halve oceaan verder en verscholen in de redwood bossen van Noord Californië. Een zeer comfortabele afstand voor iemand die je niet mag, maar een zeer pijnlijke reikwijdte voor je Ware Liefde. Ik wist toen nog niet dat de pijn in mijn borst, dat sterke „vreemde" gevoel dat ik had, de heilige roep was van mijn Tweelingziel Geliefde.*

*Mijn hart was gebroken door de afwezigheid van Sophia, ook al voelde de rest van mij zich er heel goed bij. Ik had een nieuwe energie en levenslust gevonden. Ik verviervoudigde zelfs de grootte van mijn junglehut in de weken na haar vertrek. Maar, toen ik afstemde op mijn hart, wist ik dat het Sophia's naam riep. Ik kan weinig doen om mijn hart te controleren als het me ergens heen leidt. Het is nu al vele jaren mijn belangrijkste bron van richting, en als het roept weet ik voldoende om ernaar te luisteren.*

*Ik belde Sophia kort daarna en uitte mijn hartstochtelijke en onsterfelijke liefde voor haar. Ik beschreef hoe de afstand en de scheiding me duidelijk maakten over mijn liefde voor haar, en wat er ook voor nodig was, we moesten weer samen zijn. Haar reactie terug was dof en licht ontmoedigend voor mij, maar het hield me ook niet tegen. Ik wist dat ik haar hart koste wat kost moest terugwinnen. Ik dacht dat ik haar hart had gebroken en haar pijn had gedaan door het uit te maken toen ik haar vroeg mijn huis te verlaten.*

*Het duurde niet lang voordat ze weer warm begon te lopen voor me en ik haar mijn vriendin mocht noemen. In deze warme periode kocht ik een vliegticket om haar op te zoeken met geld dat ik nauwelijks had. Ik wist dat ik het moest doen, want mijn hart riep en het leidde me naar mijn bestemming. Maar kort daarna werd het moeilijk, en twee weken voordat ik wegvloog, stopte ze met praten. Het leek erop dat ze er alles aan deed om me te kwetsen en me te stoppen van haar te houden. Mijn hart was ernstig gewond, maar het riep nog steeds haar naam. Ik geloofde dat mijn aanwezigheid haar geest sterk zou zuiveren. Ik was nog nooit zo hartstochtelijk geweest om iemand lief te hebben. Nog nooit was mijn hart zo helder en scherp geweest, zelfs ondanks massale aanvallen en verwondingen van zijn geliefde.*

*Sophia nam een nieuwe danspartner om haar gedachten van mij af te houden. Ik wist echter dat ik bij elke man haar omver kan blazen, zelfs als hij gepassioneerd was over Braziliaanse dans en Sophia's moedertaal sprak. Tegen de tijd dat ik aankwam, had haar stemming me erg ontmoedigd. Ik was niet van plan op te geven zonder precies te weten hoe ze zich voelde en waarom ze zich zo voelde. Al die tijd vertelde mijn hart me dat ze van me hield; alleen zou ik er snel achter komen dat dat niet zo was.*

*Haar nieuwe vriend, de danspartner, was het enige waar ze over kon praten tijdens mijn bezoek en ze wilde niets met mij te maken hebben. Ik heb de man zelfs ontmoet (tot enorme pijn en trauma van mijn hart). Uiteindelijk, werd het heel duidelijk; en ik wist dat ik Sophia moest laten gaan.*

*Ik ervaarde vrede tijdens de treinreis terug naar LA, omdat ik wist dat mijn hart me niet in de steek had gelaten of me op een dwaalspoor had gebracht. Iets enorm positiefs moest het resultaat zijn van dit alles. Ik was me ervan bewust dat al mijn liefdesverdriet en pijn me naar iets prachtigs en heerlijks leidde. Oh, wat had die stille stem gelijk, en oh, wat was het moeilijk om naar deze innerlijke stem te luisteren na al mijn pijn met Sophia.*

*Ik kwam thuis in mijn junglehut in Hawaii en ik ging verder met mijn leven. Ik begon zelfs een andere vrouw te zien. Ze hielp, maar natuurlijk duurde het niet lang. Echter voor ik het wist, was ik terug bij mijn volledige Zelf. Ik was Sophia amper vergeten op de dag dat Shaleia me voor het eerst een chatbericht stuurde.*

## Shaleia's Verhaal van Haar Valse Tweelingziel

*Sinds 2010 was ik bewust op zoek en bereidde ik me spiritueel voor op mijn Tweelingziel en onze Harmonieuze Eenheid. Twee jaar later was ik door het hele land verhuisd naar Sedona, Arizona. Ik was ervan overtuigd dat ik me in het epicentrum van de spirituele gemeenschap bevond, vooral met alle spirituele vortex-energieën in en rondom Sedona. Ik twijfelde er niet aan dat ik de man van mijn dromen hier zou ontmoeten. Ik wist niet dat er een halve waarheid in deze gedachte zat. Het gebeurde alleen niet op de manier die ik verwachtte.*

*Voordat ik mijn valse Tweelingziel Jake ontmoette, vertelde ik mijn spirituele gidsen dat ik zo snel mogelijk in mijn Tweelingzieleenheid wilde zijn. Ik was 28 jaar oud, en ik wilde niet langer wachten om bij hem te zijn dan nodig was. Mijn spirituele gidsen (die ook Tweelingzielen waren) vertelden me dat het mogelijk was, maar dat ik een keuze zou moeten maken: óf ik kan de langzame route naar mijn Eenheid gaan óf de snelle route doen. Langzaam zou in zekere zin gemakkelijker en zachter zijn geweest, hoewel het langer zou duren om mijn Eenheid te bereiken, maar ik was er klaar voor om de scheiding met mijn Tweelingziel zo snel mogelijk te beëindigen. Ik ben al 28 jaar zonder hem, dus laat de show maar beginnen! Dat was mijn houding. Ik wilde dat het snel zou gaan, dus koos ik voor de snelle route. Maar wat hield het nemen van de sluiproute eigenlijk in? Ik vroeg het niet, want het kon me niet schelen vanwege mijn sterke verlangen die nu mijn Harmonieuze Tweelingzieleenheid wilde.*

*Dit is deels de reden waarom ik mijn valse Tweelingziel heb aangetrokken, het is een sluiproute om oude energieblokkades en patronen die ik in relaties had op te ruimen, en mij in staat te stellen te vibreren naar een plaats waar ik mijn ware Tweelingziel kon aantrekken. Toen ik Jake ontmoette geloofde ik sterk dat hij mijn Tweelingziel was, vanwege de manier waarop hij zich aan mij presenteerde, en dus was het waar voor mij. Ik geloofde dat alle tekenen er waren en rechtvaardigde zelfs zogenaamde synchroniciteit, terwijl ik alle echte signalen miste - eigenlijk ontkende - dat hij **niet** mijn ware Tweelingziel was.*

*Hij was de stereotype aantrekkelijke hippie die voorop leek te staan van de New Age filosofie (of zo projecteerde ik het). Hij beweerde een verbazingwekkende drievoudige Waterman te zijn, die alleen superfoods at en graag energetisch helende kettingen droeg. Hij hielp ook bij het organiseren van bewustzijnfestivals in het West Coast-circuit. Jake presenteerde zichzelf als een hoogontwikkelde bewuste man, die mijn spirituele groei en pad kon bijhouden omdat hij ijverig op het zijne was.*

*Oh wat voelde ik me bedrogen toen de echte waarheid eindelijk naar buiten kwam! Ik zag rode vlag na rode vlag, en <u>toch</u> negeerde ik ze opzettelijk, en concentreerde ik me alleen op wat ik wilde zien (dit wordt zelfbedrog genoemd en vandaar dat ik me bedrogen en gemanipuleerd voelde). Ik voelde me niet krachtig of gesteund in onze relatie. Alles wat Jake deed was van mij en mijn bronnen nemen, iedereen om hem heen de schuld geven, van mij verwachten dat ik naar zijn wil zou buigen (mij onder controle houden), en systematisch misbruik* *maken van de mensen om hem heen en slachtoffer spelen als hij daarop aangesproken werd.*

*Binnen twee weken na mijn ontmoeting met Jake op het Sedona Yoga Festival waren we gaan samenwonen. Ik was de hele tijd uitgeput als ik bij hem in de buurt was omdat hij mijn energie wegvrat met zijn gedrag van behoeftigheid en afhankelijkheid. Telkens als we in de problemen raakten, was er **geen enkele** gezamenlijke oplossing, hoe hard ik ook probeerde om positief met hem te communiceren en met hem te helen. Hij nam belangrijke beslissingen voor ons zonder het met mij te overleggen of te verifiëren, en hij had geen spirituele ambitie of verlangen om individueel of als stel samen te groeien. Hij nodigde mensen die ik nog niet kende of had ontmoet uit om in onze eenkamerwoning te komen logeren zonder het mij te vragen, en hij was niet geïnteresseerd om onze relatie samen verder te ontwikkelen dan wat het was toen we elkaar voor het eerst ontmoetten. De enige relatie die ik hem zag hebben was die met zijn computer. Het deed me erg denken aan mijn biologische vader, die zijn werk, computer en mobiele telefoon gebruikte als zondebok om zijn relaties, gevoelens en elke betekenisvolle verbinding met het Leven systematisch te verdoven.*

*Een andere grote rode vlag was hoe open hij was met zijn vrienden en kennissen over onze relatie en mijn privé-zaken. Ik realiseerde me dat ik nooit geliefd of gekoesterd was in zijn armen, en dat ik alleen maar een afwezige, ongeaarde, afgestompte en onbewuste partner had die stopte met me te daten zodra hij bij me introk omdat hij kreeg wat hij wilde. Hij werd snel koud en afstandelijk. Ik had het gevoel dat ik naast een vreemde sliep, omdat ik besefte dat we eigenlijk vreemden waren en we in de kern niets gemeen hadden. Ik stond mezelf toe* om te vallen voor een man waarvan ik dacht dat hij „eruit zag" en „klonk" als mijn Tweelingziel, maar in werkelijkheid was hij zeer spiritueel, emotioneel en financieel misbruikend naar mij toe. Wanneer deze conflicten ontstonden door zijn mishandeling, zou ik het helen en kiezen voor liefde, maar Jake zou alleen maar sterker kiezen voor afscheiding van mij. Ik onthulde mezelf altijd als iemand die kiest voor liefde en heling, maar hij onthulde me zijn consequente keuze voor ego en psychose.

Ik verlangde naar een bewuste hippie-man, maar het probleem was dat ik de kwaliteiten die ik in een man verlangde **projecteerde** en hem probeerde te vormen tot wie ik wilde dat hij zou zijn. Projectie ontstaat vanuit een plek van een tekort in jezelf, en daarmee creëer je een situatie waarin je probeert datgene wat je tekort voelt te laten vervullen door iets of iemand buiten jezelf, in plaats van naar de Liefde (God) te gaan en het van daar te krijgen. Geluk en vreugde komen nooit later als je iets hebt, het is een keuze en een besef dat je alleen nú in jezelf kunt hebben.

We woonden een maand samen voor we uit elkaar gingen. Het was het perfecte recept voor liefdesverdriet en instortingen. Maar een perfecte les over gedachten en overtuigingen die ik had die niet afgestemd waren met mijn Goddelijke Zelf en mijn Harmonieuze Tweelingzieleenheid; loslaten hoe ik dacht dat mijn ideale partner eruit moest zien en moest zijn, en leren om in mijn relaties alleen het Goddelijke te ondersteunen, in plaats van het ego. Kort nadat we uit elkaar waren gegaan, was ik er echt slecht aan toe. Mijn baan bij het plaatselijke Thaise restaurant was aan het mislukken omdat ik steeds minder uren kreeg, en ik wist dat het een teken was dat ik spoedig ontslagen zou worden.

*Bovenop die eerdere stressvolle situaties kreeg ik van mijn nieuwe huisbaas een maand opzegtermijn om te vertrekken omdat ze het huis gingen verkopen. Het was bijna Kerstmis en ik had geen andere huisvestingsmogelijkheden in mijn prijsklasse. Ik had het gevoel dat ik in een achtbaanrit van de hel had gezeten door de tumultueuze breuk en de daaropvolgende nasleep. Ik besloot om deze ervaring en alle veranderingen die mij overkwamen te gebruiken om mijn spirituele groei en ontwikkeling te bevorderen. Ik wilde nooit meer een valse Tweelingziel aantrekken, of mijzelf in zo'n kwetsbare positie plaatsen. Één valse Tweelingzielervaring is echt alles wat je ooit nodig hebt om de lessen te ontvangen en te begrijpen die ze je leren om je Harmonieuze Tweelingzieleenheid te bereiken. Kies ervoor om aardig voor jezelf te zijn en ga niet door meerdere valse Tweelingzielrelaties. Je kunt dit doen door te kiezen om zorgvuldig te letten op wat ze je voorspiegelen en dat te helen.*

*Om de brokstukken van mijn leven op te rapen en weer vooruit te komen, beoefende ik de Spiegeloefening die mijn spirituele lerares me geleerd had, ik voelde echt al mijn gevoelens als ze opkwamen, en ik deed meerdere orakel- en tarot kaartleggingen voor mezelf om te zien wat de lessen waren in die valse Eenheid. De meeste van mijn lessen hadden te maken met het projecteren van mijn onvervulde behoeften en verlangens op een ander, koste wat het kost. Ik wist dat wat God mij via de orakelkaarten vertelde waar was omdat ik het beu was om „alleen te zijn", en een deel van mij was bang dat ik gedoemd zou zijn om voor altijd alleen op deze Aarde rond te lopen. Toen ik mij opnieuw verbond met mijn Heilige Relatie met God, genas ik het deel van mij dat zich alleen voelde en gedoemd was om de rest van mijn leven ongebonden te zijn. Dit waren slechts een paar van de gedachten die direct afscheiding creëerden van mijn ware Tweelingziel, en vandaar, dat ik hem nog niet aantrok in mijn fysieke realiteitservaring. Al deze lessen die mijn valse Tweelingziel mij bracht, begonnen zich te openbaren als grote geschenken van wijsheid, bewustzijn, liefde en heling. Ik begon mijn boosheid en wrok te verliezen, en in plaats daarvan, ontwikkelde ik waardering en dankbaarheid voor wat deze ziel mij bracht. Als Jake er niet was geweest, of mijn keuze om mijn Harmonieuze Tweelingzieleenheid te versnellen, zou ik nu niet dit boek aan het schrijven zijn en zoveel anderen helpen hun ware Tweelingziel te ontmoeten en hun eigen Harmonieuze Eenheid te bereiken.*

*Door het extreme contrast dat ik met Jake had ervaren, was ik ongelooflijk duidelijk over wat ik in mijn volgende relatie verlangde. Ik maakte een uitgebreide „Liefdeslijst" van twee tot drie pagina's, die fungeerde als mijn norm wanneer ik klaar zou zijn om me weer open te stellen voor dating, en als een „visiebord" van mijn perfecte romantische relatie, en ten slotte om me te helpen mijn Tweelingziel te identificeren, omdat ik hem al in mijn hart ken. Hier zijn een paar voorbeelden van wat ik schreef in mijn **Liefdeslijst**:*

1. *Mijn partner heeft een bloeiend en stabiel maandelijks inkomen dat in staat is om een gezin te onderhouden.*

2. *Hij steunt mij lichamelijk, emotioneel, geestelijk en spiritueel, en steunt mij als thuisblijfmoeder tijdens de eerste jaren van de ontwikkeling van ons kind.*

3. *Hij kent zijn dromen en verlangens en brengt ze actief tot leven. Hij heeft een sterk karakter, doorzettingsvermogen en een duidelijke richting in het leven.*

4. *Hij zet zich actief in voor het dagelijks onderhoud van onze relatie.*

5. *Hij is psychologisch en spiritueel in balans en gezond.*

6. *Hij heeft integriteit, en hij houdt zich aan zijn woord.*

7. *Er is een natuurlijk evenwicht tussen geven en ontvangen in de relatie.*

8. *We zijn positieve rolmodellen voor andere koppels en ons gezin.*

9. *Hij neemt 100 procent verantwoordelijkheid voor zijn keuzes - geen verwijten.*

10. *Hij is oplossingsgericht. Wanneer we uitdagingen ervaren in onze relatie, maakt dat de relatie niet kapot, maar gebruiken we uitdagingen als een middel om onze relatie te verdiepen.*

11. *Hij respecteert mijn persoonlijke ruimte en vrijheid.*

*Bij het mediteren op mijn Liefdeslijst, realiseerde dat ik ben, en ook moest worden, deze kwaliteiten die ik in mijn geliefde verlangde. Herkennen wie ik in mijn kern ben en wat ik zeer waardeer, zal mij vanzelf helpen te onthullen wie mijn Tweelingziel is in zijn kern. Je zult je Tweelingziel alleen herkennen aan hun innerlijke kwaliteiten, en niet aan hun uiterlijke kwaliteiten en verschijningen (hint, hint\*). Het kostte me een volle drie maanden na mijn ervaring en herstel van mijn valse Tweelingziel, voordat ik eindelijk mijn echte Tweelingziel ontmoette. Ik wist in mijn Hart dat ik er echt klaar voor was. Ik had* *mijn belangrijkste lessen geleerd van mijn valse Tweelingziel, en het allerbelangrijkste, ik had hem en mezelf vergeven voor alle ego, liefdeloze gedachten, en acties in de relatie. Mijn spirituele leraras herinnerde me eraan:* **„Je moet van hem houden voordat je hem kunt verlaten."** *Deze daad van bewustwording en heling is absoluut essentieel om dieper in intimiteit te gaan met je ware Tweelingziel.*

*Na een paar maanden dat ik met Jeff uitging, las ik mijn Liefdeslijst aan hem voor over de telefoon. Bij alles wat ik aan hem voorlas had hij zoiets van: „Yep, yep, yep... dat ben ik!" Er waren duidelijk een paar dingen die hij nog niet volledig was geworden (zoals een vader en het bereiken van grote financiële onafhankelijkheid), maar dat is omdat hieraan wordt gewerkt ... iets waar hij in aan het groeien is, net als ik.. Ik was zowel onder de indruk als zeer gerustgesteld door hoe hij mijn Liefdeslijst perfect belichaamde. Als ik er nu op terugkijk ben ik niet erg verbaasd, want ik heb altijd in mijn hart geweten wie mijn Tweelingziel was. We zijn Één; en toen ik naar de plek in mijn hart ging waar we Één zijn, was het gemakkelijk om onze kernwaarden en principes te identificeren. Deze kernwaarden en principes weerspiegelen eigenlijk het ontwerp van onze zielsblauwdruk.*

## Hoe Onderscheid je een Valse van een Ware Tweelingziel (Gechanneld)

Als een Goddelijke Channel, ben ik in staat om God te vragen om een aantal signalen te geven om te laten zien of je je ware Tweelingziel hebt ontmoet. Dit kan duidelijk maken of je bij je ware Tweelingziel bent of bij je valse Tweelingziel. Het kan deel uitmaken van je pad om een valse Tweelingziel te ervaren, zoals Shaleia en ik deden, om de obstakels op je pad naar het zijn met je ware Tweelingziel op te ruimen, hoewel het geen verplichte ervaring is. Onthoud dat je valse Tweelingziel de poort kan zijn naar je ware Tweelingziel als je de lessen benut, en ervoor kiest om de kernblokkades te helen die je valse Tweelingziel aandraagt om je échte Tweelingzieleenheid te laten plaatsvinden.

## God's Negen Signalen dat Je met Je Ware Tweelingziel bent (Gechanneld):

1. Je Tweelingziel zal vertrouwd voor je voelen. Niemand in deze wereld voelt zo vertrouwd en zo comfortabel voor je als je Tweelingziel. Zelfs je ouders evenaren niet de vertrouwdheid en verwantschap die je met je Tweelingziel zult voelen. Het kan voelen alsof je al levenslang vrienden bent, en dit is absoluut waar. Je meest hechte menselijke vriend is je Tweelingziel.

2. Je Tweelingziel zal dezelfde visie voor zijn leven hebben als jij. Als je onduidelijk bent over alles, zal je Tweelingziel ook onduidelijk zijn. Zij zullen dezelfde dingen voor zichzelf willen als jij. Zij zullen een duidelijke visie met jou delen voor jullie leven samen als je het werk doet om een duidelijke visie te creëren. Hun persoonlijke visie vult ook die van jou aan en versterkt deze.

3. Je Tweelingziel zal dezelfde dingen als jij verlangen van het leven. Ze zullen vergelijkbare ervaringen willen opdoen en vergelijkbare inzichten krijgen. Ze zullen niet alles exact hetzelfde willen zoals jij, want ze zijn geen duplicaat van jou.

4. Je keuzes in levensstijl zullen gemakkelijk op één lijn komen met je Tweelingziel als je de tijd neemt om jullie keuzes samen en individueel helder te krijgen.

5. Je Tweelingziel zal dezelfde dingen waarderen als jij, wanneer jullie beiden jullie waarden helder krijgen. *Een goede manier om een valse Tweelingziel te onthullen is om je waarden duidelijk te krijgen met je partner.* Geen enkele ware Tweelingziel zal vermijden om het werk met je te doen als je oprecht bent over het doen van je spirituele werk, en het duidelijk krijgen van je waarden.

6. Je Tweelingziel zal jou in de kern boven alle anderen liefhebben. Een valse Tweelingziel kan veel meer minnaars hebben, maar je ware Tweelingziel zal nooit oprecht zoveel van een ander mens houden als zij van jou. Je weet dat je je Tweelingziel allang hebt verlaten als je nog steeds oprecht van die persoon houdt in het diepste van je hart, zelfs als je het ondraaglijk vindt om bij hen in de buurt te zijn.

7. Je ware Tweelingziel zal altijd van je houden. Je zult dit weten als je jezelf afstemt op je hartcentrum. Je Tweelingziel zal jou nooit in de steek laten in liefde, en zullen hun

liefde nooit echt intrekken. Dat kunnen ze niet, want ze ZIJN jou.

8. Je ware Tweelingziel zal altijd oprecht van je gezelschap genieten. Echte Tweelingzielen voelen zich comfortabel en ontspannen in elkaars eerlijke en authentieke aanwezigheid.

9. Als je diep in je hart mediteert, kun je zien of de persoon in kwestie een exacte vibrerende overeenstemming is met de blauwdruk van je ziel.

## Negen Signalen dat Je met een Valse Tweelingziel bent (Gechanneld)

1. Een valse Tweelingziel zal jou regelmatig in de steek laten. Ze zullen manieren vinden om van je te scheiden en van je weg te gaan, emotioneel, spiritueel, of fysiek. Zij zullen niet geïnteresseerd zijn om lange tijd met je door te brengen, omdat zij niet ontworpen zijn om voor langere perioden bij je te zijn.

2. Een valse Tweelingziel zal proberen tegen je te liegen over wie ze werkelijk zijn. Zij zullen niet willen dat je weet dat ze vals zijn omdat ze zoveel liefdesenergie van je krijgen zonder echt iets terug te hoeven geven. Een valse Tweelingziel zal waarschijnlijk proberen om zoveel mogelijk van jouw liefde te nemen zonder dat ze liefde terug willen geven.

3. Een valse Tweelingziel zal niet je toekomstvisie met je delen.

4. Een valse Tweelingziel zal niet *al* je diepste kernwaarden met je delen, noch zullen ze geneigd zijn om spiritueel werk met je te doen om jullie waarden samen te ontdekken.

5. Een valse Tweelingziel zal waarschijnlijk proberen hun ware zelf voor je te verbergen. Ze zullen niet eerlijk de diepste delen van zichzelf met je willen delen, zelfs niet als ze in het nauw gedreven of overgehaald worden om dit te doen.

6. Een valse Tweelingziel zal je niet helpen de visie voor je leven te creëren, noch zullen ze zich geroepen voelen deel uit te maken van je levensvisie.

7. Een valse Tweelingziel zal altijd voorkomen dat je dieper met hen gaat, wat je ook doet.

8. Een valse Tweelingziel zal niet geïnteresseerd zijn in het naar de oppervlakte brengen van je pijnlijke innerlijke onevenwichtigheden. Ze zullen meer geïnteresseerd zijn in het genieten van je aanwezigheid zoals je nu bent, en niet geïnteresseerd in het investeren in jou en je te helpen in afstemming te komen met je Goddelijke Zelf door je kern"-dingen" naar de oppervlakte te brengen voor heling.

9. Aan de oppervlakte verschijnt je valse Tweelingziel als je ware Tweelingziel, maar als je dieper gaat, onthullen ze aan je dat ze niet zijn wie je zoekt. Als je in de kern liefde kiest

op de verstoorde plekken in jezelf waar je valse Tweelingziel zich aan spiegelt, zullen ze kiezen voor afscheiding in plaats van eenheid, in tegenstelling tot je Tweelingziel die je kernkeuze in liefde zou weerspiegelen en met jou verenigd zou zijn.

## Conclusie

Of je nu je valse Tweelingziel hebt gevonden, of je ware Tweelingziel, je bent op de goede weg naar je Eeuwige Goddelijke Eenheid. De valse Tweelingziel is een hulpmiddel om je voor te bereiden op je ware Tweelingzieleenheid. Maak je zich geen zorgen als je merkt dat je ware Tweelingziel getrouwd is met een ander en kinderen heeft. Jij en je Tweelingziel zullen altijd een perfecte en harmonieuze verbinding diep in jullie harten hebben die nooit beschadigd kan worden. Die persoon kan altijd opnieuw een weg in je leven vinden als je ervoor blijft kiezen om het diepste verlangen voor liefde in je hart te volgen. God geeft op mysterieuze en wonderbaarlijke manieren vorm aan ons leven. Als je in je hart een diep verlangen hebt naar je ware Tweelingzieleenheid, dan zul je spoedig ontdekken dat je Tweelingziel daar ook al die tijd op je heeft gewacht, en de stappen richting je Harmonieuze Tweelingzieleenheid worden altijd in Perfecte Goddelijke Orde onthuld.

# Hoofdstuk 4

## *Jouw Tweelingziel Ontmoeten*

### Shaleia's Ontmoetingsverhaal van Haar Tweelingziel

*Ik zal nooit vergeten hoe Jeff en ik elkaar voor het eerst ontmoetten. Het was echt magisch. De kamer die ik huurde was schoon, georganiseerd, en klaar om hem te ontvangen. Ik droeg mijn favoriete rode shirt, mijn make-up zag er goed uit, en ik had een maaltijd gekookt die op hem wachtte in de slowcooker. Mijn kamergenote zei dat ik haar auto kon lenen om hem op te halen. Ik was erg opgelucht!*

*Zijn geplande aankomsttijd was 17:30 bij de Comfort Inn. Ik stond daar al te wachten op de afgesproken tijd. Ik was ongelooflijk nerveus en opgewonden om de man te ontmoeten met wie ik de afgelopen vier maanden een epische online relatie had gehad. Ik dronk als een gek kokoswater om mijn zenuwen te kalmeren, en ik bleef maar in de autospiegel kijken om te zien of mijn make-up in orde was. Tien lange minuten gingen voorbij voordat ik vanuit mijn achterraam de pendelbus van het vliegveld de parkeerplaats op zag rijden. Mijn hart bonsde nu nog harder in mijn borstkas.*

*De chauffeur kwam uit haar stoel om de achterklep te openen en Jeff's koffer uit de bus te halen. Ik kon Jeff nog niet zien vanuit mijn raam, maar ik wist dat het tijd was om uit de auto te stappen en mij aan hem voor te stellen. Ik liep langs de achterkant van het busje terwijl de chauffeur de klep dicht deed. Ik zag Jeff's rug naar me toe op ongeveer 20 meter afstand. Hij trok zijn bagage achter zich aan, terwijl hij mij zocht op de hoek van het motelgebouw. De luchthaven-pendelbus begon de parkeerplaats te verlaten, toen ik rustig zijn naam riep: „Jeff!" Hij wierp onmiddellijk een blik op me, en in een fractie van een seconde, met een enorme glimlach op zijn gezicht, rende hij naar me toe terwijl hij zijn bagage op de grond liet vallen, zijn hoed en zonnebril afgooide, en zijn schoenen uitschopte. Ik had in mijn hele leven nog nooit iemand meegemaakt die zo blij was me te zien. Ik opende mijn armen wijd om hem te ontvangen terwijl ik in zijn richting bleef lopen.*

*In een oogwenk hielden we elkaar vast in volmaakte liefde, eenheid en gelukzaligheid. Het was de meest Goddelijke en verrijkende omhelzing die ik ooit had meegemaakt. We bleven elkaar minstens een minuut lang vasthouden, maar het voelde langer. In zijn armen was dit gevoel van tijdloosheid en eeuwigdurende onvoorwaardelijke liefde. Dit moet zijn hoe God is.*

*Iets in zijn aanraking drong diep tot in mijn botten door, en gaf me de bevestiging dat hij de Ene is waar ik mijn hele leven al naar verlangde. Mijn hart klopte nog steeds ongelooflijk hard en snel tegen zijn borstkas. Ik voelde deze natuurlijke energetische uitwisseling tussen ons. Er circuleerde een ENORME energie van pure liefde tussen ons op een manier die ik nog nooit met iemand had ervaren. In zijn omhelzing deed als „thuis" voelen. Ik dacht dat ik die ervaring al eerder met een ander had gehad, maar niet na deze ervaring. Het heeft elk oud gevoel en begrip van „thuis" dat ik wellicht bij een ander had, overtroffen.*

*Ik vertelde Jeff dat ik verlangde om hem in de ogen te kijken. We beëindigden onze omhelzing terwijl onze ogen elkaar vasthielden, en we keken elkaar liefdevol aan. Hij was online al heel knap, maar in het echt was hij nog aantrekkelijker. Ik voelde me nederig dat ik zo'n intens liefdevolle, spirituele, en ontzettend knappe man had gemanifesteerd. Van alle dromen die ik voor mezelf had, was het fysiek verenigd zijn met mijn Tweelingziel het belangrijkste. Tranen begonnen in zijn ogen op te wellen. Ik was zo ontroerd, dat de tranen ook over mijn wangen rolden. Ik genoot ervan om Jeff voor het eerst te zien, en ook echt in zijn ogen te kijken, in plaats via een computerscherm. Het gevoel van opluchting was wederzijds.*

*Jeff vroeg of we op het bankje naast de ingang van het motel konden gaan zitten om een paar minuten te relaxen. We verzamelden zijn bagage en gingen zitten terwijl we het hoogtepunt van onze ontmoeting begonnen te verwerken. Na enige tijd besloten we dat het het beste voor ons zou zijn om onze vereniging bij mij thuis voort te zetten. We kwamen terug van het motel en ik gaf hem een rondleiding door het huis. Aan het einde van de rondleiding gingen we naar mijn achterveranda met hete kruidenthee in onze handen. Op de één of andere manier heb ik per ongeluk onze slowcooked maaltijd geruïneerd, maar het maakte niet uit; we kletsten en hielden elkaars hand vast totdat de maan en sterren helder aan de woestijnhemel schenen, en UFO's door de vortexen zoemden. De ontmoeting met mijn Tweelingziel voelde anders dan met alle anderen met wie ik ooit in mijn leven contact heb gehad.*

*Het was zeer, zeer krachtig en authentiek. De beste ontmoeting die ik me ooit had kunnen wensen of voorstellen.*

*Ik had al maanden van tevoren mijn vermoedens dat Jeff mijn ware Tweelingziel was, vooral na het lezen van mijn Liefdeslijst aan hem, en door hoe ik me voelde als we met elkaar spraken. De innerlijke en fysieke gevoelens die ik had toen we elkaar voor het eerst ontmoetten op de parkeerplaats hadden mij zeer overtuigend dat Jeff mijn ware Tweelingziel was, maar ik had verdere bevestiging nodig om veilig en zonder twijfel vast te stellen dat Jeff mijn Tweelingziel is. De volgende dag ging ik liggen om te mediteren en me te verbinden met mijn Goddelijke Schepper. Bijna zodra ik mijn ogen sloot, barstte mijn derde oog wijd open met een zeer duidelijk Tweelingzielsignaal dat de helft van mijn gezicht en de helft van Jeff's gezicht toonde als Één Gezicht. Het was geen „versmelting" (want dat bestaat niet), maar een duidelijk en zichtbaar teken zodat ik zou begrijpen dat Jeff inderdaad mijn ware Tweelingziel was. Ik hoorde zelfs Gods stem in mijn oorchakra's fluisteren dat Jeff mijn ware Tweelingziel is, en Hij zei tegen mij dat de zoektocht eindelijk voorbij is. Ik ging rechtop zitten en keek naar het gezicht van mijn geliefde, en alle resterende twijfel die ik had werd volledig weggespoeld en vervangen door absolute zekerheid. Ik was al meer dan 10 jaar bewust bezig met het ontwikkelen van mijn derde oog-chakra, dus ik vertrouwde heel erg op de visioenen van God die ik ontving. Ik vertrouwde ook op de channelingsgave van mijn spirituele lerares en haar relatie met God om voor ons beiden verder te bevestigen dat we echte Tweelingzielen zijn.*

## De beslissing vóór de Ontmoeting

Voordat je je Tweelingziel ontmoet, moet je een keuze maken. Als je werkelijk verlangt om bij je Ultieme Geliefde te zijn, zult je moeten beslissen of je daadwerkelijk bij hen wil zijn of niet. Dus, de eerste stap is om met je hart te kiezen om bij je Tweelingziel te zijn en om je Harmonieuze Tweelingzieleenheid te hebben.

Wie er klaar voor is om verder te gaan en bij zijn/haar Tweelingziel te zijn, kan deze oefening nu gaan doen. Voor degenen die nog onzeker zijn, is het veilig om de oefening over te slaan en er later op terug te komen. Het zal er altijd voor jou zijn wanneer je er klaar voor bent.

## Aantrekken van je Tweelingziel Meditatie-oefening

*Neem een moment om je te concentreren en een ruimte in jezelf te creëren. Haal diep adem en ontspan. Het is net zo makkelijk om deze oefening te doen met je ogen open of gesloten. Je staat vrij om te pauzeren en onderbrekingen te nemen bij het visualiseren, zolang als het voor jou goed voelt.*

*Adem langzaam drie keer lang in en uit, terwijl je je concentreert op je hartcentrum.*

*Als je voelt dat je er klaar voor bent, met alleen je verbeelding om je te leiden, zul je je in een prachtige, vredige, rustige en veilige ruimte bevinden.*

*Je merkt dat er iets in je buurt beweegt. Kijk en zie wat het is. Het is je Tweelingziel. Merk je hun openheid naar jou toe?*

*Om ervoor te kiezen om ze in je leven te brengen, hoef je hen alleen maar uit te nodigen om te komen, en naast je te zitten. Je onderbewustzijn weet wat het betekent als je jouw Tweelingziel uitnodigt om naast je te komen zitten op deze veilige plek. Je hebt je Tweelingziel nu uitgenodigd in je leven. Als er iets is dat je wenst te zeggen tegen je Tweelingziel, communiceer het aan hen en luister of zij iets hebben om aan jou terug te communiceren. Blijf zoveel tijd met je Tweelingziel doorbrengen als je wenst.*

Zit in deze energie met je geliefde Tweelingziel totdat je je compleet voelt met deze oefening.

Er is niets meer te doen. De oefening is voltooid, en je hebt aan je onderbewustzijn en ALLES van wie je bent, de beslissing gecommuniceerd die je hebt gemaakt om je Tweelingziel in je leven te brengen. Dit is het belangrijkste wat je kunt doen om je Tweelingziel aan te trekken: er voor kiezen om hen in je leven te hebben.

Twee van de krachtigste eigenschappen die we hebben is keuze en vrije wil. Er is niets dat onze keuze en vrije wil van ons kan afnemen. De diepste grondbeginselen van ons Wezen zijn keuze en vrije wil. Je hebt de vrijheid om te kiezen en je keuzes hebben een enorme kracht, waarvan je je misschien nog niet eens bewust bent. Kiezen om je Tweelingziel uit te nodigen in de oefening hierboven, is kiezen om je Tweelingziel permanent in je leven te hebben. Om werkelijk voor je Tweelingziel gekozen te hebben, moest je eerst naar hen verlangen. Voel je vrij om deze oefening te herhalen elke keer dat je voelt dat je *anders gekozen* hebt. Je kunt deze oefening zo vaak doen als je wilt, en het is een prachtige manier om met hen in contact te komen terwijl je in het proces zit van samenkomen in Harmonieuze Tweelingzieleenheid.

## Je Tweelingziel Aantrekken

Je hebt al het verlangen naar je Tweelingziel en je hebt het bewezen door te investeren in materialen om je te helpen naar je Eenheid. Dus, of je de oefening nu gedaan hebt of niet, we gaan verder met het aantrekken van je Tweelingziel door te werken met alles wat er in je opkomt. Misschien heb je al een subtiele verschuiving in je realiteit en energie ervaren sinds je over dit boek hebt gehoord, en zelfs sinds je het hebt opgepakt en door de pagina's hebt gelezen. Misschien voel je je anders, of niet, maar één ding is zeker: Als je de oefening in het kiezen van je Tweelingziel hebt voltooid, staat je leven op het punt te veranderen. Het zal in het begin misschien niet dramatisch zijn, in feite zal het waarschijnlijk heel subtiel zijn en misschien zelfs helemaal niet merkbaar. Een keuze maken verandert alles. Jouw keuzes hebben enorme kracht en je kunt deze kracht gebruiken om in jouw werkelijkheid te creëren.

Ik ga je nu laten zien hoe je je Tweelingziel kunt aantrekken. Net zo betrouwbaar als 2 + 2 = 4. Je zult je Tweelingziel aantrekken als je de stappen precies volgt die in dit boek worden gepresenteerd. Het aantrekken van je Tweelingziel kan gemakkelijk zijn, hoewel je onderweg misschien vaak in de verleiding komt om het op te geven.

Maar als je het toch opgeeft, kun je er altijd weer voor kiezen om terug in het zadel te stappen door de *Aantrekken van je Tweelingziel Meditatie-oefening* te voltooien.

Het is tijd om samen verder te gaan op onze Tweelingzielreis. Dit is geen „woo-woo," noch is dit magie en verzonnen, het is de eenvoudigste en meest fundamentele wet van het Universum en er wordt al eeuwen over geschreven. Ja, het is de Wet van Aantrekking in actie; het organiserende principe van ons Universum. Ik ga je stap voor stap precies laten zien hoe je je Tweelingziel kunt aantrekken. Je wordt meegenomen van je beslissing, naar de ontmoeting, helemaal tot naar het BEHOUDEN van je Tweelingziel voor de rest van je leven in Harmonieuze Tweelingzieleenheid.

God vertelde me dat 80 procent van alle Tweelingzieleenheden uit elkaar gaan voordat ze het een leven lang samen uithouden. Dit komt door de enorme moeilijkheid die zielen ervaren om zo'n krachtige geliefde en leraar in hun leven op Aarde te houden. Ik heb met de grootste overtuiging besloten om te investeren in mijn Tweelingzieleenheid voor het leven, en ik zal je de methodes laten zien die ik heb, zodat jij ook een onstopbare en permanente Harmonieuze Tweelingzieleenheid kunt creëren. Mensen in elke soort relatie, zelfs met hun soulmate, kunnen deze methodes gebruiken om ook gelukkige, gezonde en evenwichtige relaties te creëren. Het is aan jou om de methodes te gebruiken zoals jij dat wenst. Zonder de methodes die ik je presenteer, vertellen Gods statistieken mij dat de meeste mensen het waarschijnlijk niet een leven lang vol zullen houden in hun Tweelingzieleenheid. Maar met de juiste begeleiding, de juiste beslissingen, en de juiste methodes,

KUN je bij je Ultieme Geliefde zijn voor de rest van je eeuwige leven. Geloof je me niet? Dat is prima. Het is niet nodig voor jou om te geloven zonder bewijs. Maar de enige manier voor jou om erachter te komen is om oprecht een enthousiaste leerling te worden, en je te wijden aan het proces dat ik je laat zien. Je hoeft alleen de stappen te voltooien. Je hoeft niet te geloven dat de weg naar Phoenix je daar brengt vanaf Los Angeles, je hoeft hem alleen maar te rijden. Of lopen als je gek bent.

## Aanwezig Zijn bij wat Opkomt

Dingen zoals deze gebeuren in je leven zo natuurlijk en automatisch dat je waarschijnlijk niet eens het verschil merkt. Je hoeft je niet te realiseren dat het gebeurt om je Tweelingzielreis voort te zetten. Je moet wel aanwezig zijn bij wat er opkomt. Je moet onder ogen zien, je bewust te zijn van, en aanwezig te zijn met wat er ook gebeurt in je leven, en wat er in jou gebeurt.

Stel je voor dat je de *Aantrekken van je Tweelingziel Meditatie-oefening* hebt gedaan, en een week later komt er een nieuwe potentiële partner in je leven.

Stel je even voor dat deze partner absoluut niet is waar je naar op zoek bent. Je wilt je Tweelingziel! Je verlangt naar je Ultieme Geliefde. Dat is waarom je dit boek leest. Maar Sam Schmoe komt langslopen, klaar om je een paar maanden, of een week, te verleiden, en dan niets. Niets. Hoeveel keer ben je met Sam uit geweest?

Drie keer? Vijf keer? Genoeg? Ik ga je vertellen dat je weer met Sam moet uitgaan, ook al is Sam duidelijk niet je Tweelingziel.

Hier zijn de criteria waarbinnen ik mijn aanbeveling maak: Als Sam je prikkelt, verleidt en je levenservaring verrijkt, ga er dan voor. Date Sam Schmoe. Sam is de poort naar je Tweelingziel. Sam laat je iets zien, wenkt je voort in de richting van je gewenste Tweelingzielrealiteit. Sam laat je zien wat je moet doen om je Tweelingziel aan te trekken, en Sam gaat ofwel vanzelf wegvallen om de volgende stap te onthullen, of zichzelf onthullen als je ware Tweelingziel in vermomming! Het kan zijn dat je Sam moet daten en de patronen die in je bestaan moet opruimen om het tot je Tweelingziel te kunnen brengen. Dit zijn de patronen die je verhinderen om op dit moment fysiek bij je Tweelingziel te zijn. Dit zijn de stappen die je moet nemen om je ware Tweelingziel te onthullen.

Één van je patronen zou kunnen zijn dat je dezelfde soort partner aantrekt die jou mishandelt en misbruik van je maakt, keer op keer. Één van je patronen zou ook kunnen zijn om iemand te vinden die er perfect uitziet en klinkt, maar uiteindelijk niet is wat hij of zij in eerste instantie leek. Je patroon kan zelfs zijn dat je wegloopt van iemand die oprecht probeert contact met je te maken en van je te houden. Ruim je patronen op en je maakt de weg vrij naar je Tweelingziel.

Het is veilig om met Sam uit te gaan, het is veilig om met Sam te verkennen, het is gezond en natuurlijk voor jou om door je ervaring met Sam te gaan. Sam wil misschien niet dezelfde dingen als jij, maar iets aan Sam zal je waarschijnlijk opwinden, je verleiden, ervoor zorgen dat je met hem of haar wilt daten, en ervoor zorgen dat je hem of haar beter wilt leren kennen. Het is deze opwekkende energie die ervoor zal zorgen dat je je met hem/haar wilt verbinden, en het is dit specifieke gevoel dat je moet volgen om je Perfecte Partner aan te trekken. Deze energie die je voelt, dezelfde energie die je voelt als je ervoor kiest om bij je Tweelingziel te zijn, zal gedurende je hele leven verschijnen en verdwijnen, keer op keer. Dit is normaal. Dit is de geheime draad die je moet volgen. Aan de andere kant van deze geheime draad is je Ultieme Geliefde, je Tweelingziel, en Perfecte Liefde.

Ga niet rondzwerven op zoek naar het gevoel als het verdwijnt. De geheime draad zal je altijd naar je volgende stap leiden en alleen dat. Het verdwijnt bijna altijd als je de deuropening bereikt en er doorheen loopt. Totdat de geheime draad je de volgende deur toont, is het jouw taak om door datgene heen te werken waar hij je in eerste instantie naar toegeleid heeft. Het kan weken, maanden of jaren duren voordat het weer verschijnt, maar je moet trouw zijn aan dit gevoel om jezelf te vinden bij de deuropening van je Tweelingziel. Sam is slechts één algemeen voorbeeld van wat er gebeurt als je jouw Tweelingziel kiest.

Tenslotte is het belangrijk om naar binnen te blijven gaan en je spirituele werk te doen om alle blokkades te vinden die je verhinderen om je Tweelingziel te vinden en aan te trekken, en om Harmonieuze Eenheid met hen te bereiken. Je kunt je ware Tweelingziel keer op keer oproepen, maar als je daadwerkelijk grote angst en weerstand koestert om je Tweelingziel te ontmoeten en bij hen te zijn, of je bijvoorbeeld onwaardig voelt voor hen en hun liefde, dan blokkeer je in feite de mogelijkheid om hen in het fysieke te ontmoeten, of hen werkelijk te herkennen als je Tweelingziel als deze persoon al op de één of andere manier in je fysieke leven is geweest.

In het volgende hoofdstuk leer ik je hoe je zulke blokkades kunt opheffen, en ze in plaats daarvan kunt vervangen met de waarheid van Liefde. Dit is de weg naar je Tweelingziel in permanente Harmonieuze Eenheid, en het is de sleutel tot je spirituele bevrijding van illusie naar eenheidsbewustzijn.

# Hoofdstuk 5

## *De Spiegeloefening: De Enige Methode die Je Nodig Hebt*

Je wordt meegenomen op een reis door dit boek naar je Tweelingziel en Harmonieuze Eenheid met hen. Maak je geen zorgen als je het gevoel hebt dat je nog geen van de puzzelstukjes in elkaar hebt, ze worden zorgvuldig voor je neergelegd in een zeer specifieke volgorde. Je krijgt precies te zien wat je nodig hebt om permanent Harmonieuze Tweelingzieleenheid met je Goddelijke Wederhelft te vinden en te behouden.

Ik deel met jou mijn krachtigste methode om je te helpen je Tweelingziel aan te trekken en voor altijd te behouden van Harmonieuze Eenheid tot Perfecte Eenheid. Deze ene methode is zo krachtig, dat het in iedere situatie kan worden gebruikt om je te helpen creëren wat het ook is dat je wenst in je werkelijkheid, maar voor het doel van dit boek, zullen we het richten op het vinden en behouden van je Tweelingzieleenheid. Dit is een specifiek en wetenschappelijk proces dat ik deel en dat net zo betrouwbaar en herhaalbaar is als de wiskundige constante, pi („$\pi$" = 3.14159), die de verhouding is van de omtrek van een cirkel tot de diameter van die cirkel.

Één van de hoofddoelen van de *Spiegeloefening* is om je macht terug te nemen van alles wat je ongelukkig maakt, en eigenlijk te beseffen dat niets buiten jou je ooit gelukkig kan maken, ja, dat omvat zelfs je Tweelingziel. Dus, als het waar is dat niets buiten jou je gelukkig kan maken, dan is er iets aan jouw kant dat het geluk blokkeert dat van nature permanent in jou verblijft. Je Tweelingziel kan jou niet gelukkig maken. Alleen je relatie met God kan geluk creëren. **Vibreren naar Harmonieuze Eenheid met God zal op natuurlijke wijze je Tweelingziel in je leven aantrekken** (*hint, hint*). Maar om op deze plek te komen, moeten we beginnen met het creëren van kansen om binnenin onszelf te gaan en de blokkades voor ons geluk en onze Harmonieuze Tweelingzieleenheid te helen.

Tussen Shaleia en mij, hebben we veel verschillende geneeswijzen van over de hele wereld ervaren en onderzocht. Niets komt in de buurt van de helende kracht van de *Spiegeloefening*. Meditatie is een prachtige oefening, maar het is een zeer langzame weg op zichzelf om verlichting te bereiken, vooral als je echt geen gevorderde deskundige mediteerder bent of geen verlichte spirituele docent hebt. Als je de Spiegeloefening combineert met meditatie, yoga, gebed, of andere spirituele oefeningen die je hebt, zul je er veel profijt van hebben en je spirituele vooruitgang sterk versnellen. De Spiegeloefening is niet in strijd met andere spirituele oefeningen. Het vult ze perfect aan, en het staat absoluut en sterk op zichzelf als een primaire spirituele oefening. De Spiegeloefening is mijn en Shaleia's meest fundamentele spirituele oefening; onze tweede is meditatie, bezinning en gebed; en als derde doen we dagelijkse orakelkaartlezingen voor onszelf met God. We hebben deze specifieke spirituele oefeningen gekozen omdat ze het best passen bij onze levensstijl en onze individuele en unieke manier van verbinden en converseren met het Goddelijke.

De reden waarom ik zeg dat de Spiegeloefening krachtiger is dan mediteren op weg naar verlichting, zoals velen wordt aangeleerd, is omdat de Spiegeloefening is ontworpen om naar alle plekken te gaan waar je je het meest ongemakkelijk voelt in jezelf en die te helen met je bewustzijn van liefde. In traditionele meditatie hoef je niet ergens in je bewustzijn te gaan dat je niet wilt, of naar plaatsen in je bewustzijn te gaan waar je je nog niet eens bewust van bent; maar om je Tweelingziel te hebben, moet je de kernpunten in je bewustzijn helen die van streek zijn die opgelost moeten worden en verlichting nodig hebben, specifiek op het gebied van onvoorwaardelijke en romantische liefde.

## De Spiegeloefening: Een Nieuwe en Snellere Methode om Goddelijke Eenheid te Bereiken

Deze heilige methode van de *Spiegeloefening* kan en zal jou volledig bijstaan op weg naar je verlichting, ook wel bekend als zelfrealisatie, of je ascensie. Dit zal je natuurlijke vervolgstap zijn als je eenmaal je permanente Harmonieuze Tweelingzieleenheid hebt bereikt. De beoefening van het Spiegelen eindigt niet totdat je de Perfecte Eenheid (ascensie/verlichting) met het Goddelijke en je Tweelingziel bereikt. Dit zal gelijktijdig gebeuren in hetzelfde heilige moment.

Het doen van de Spiegeloefening wordt met de tijd steeds gemakkelijker. Het is belangrijk dat je een notitieboek of kladblok hebt speciaal voor het opschrijven van de Spiegeloefening terwijl je bezig bent om het onder de knie te krijgen. We raden dit ten zeerste aan totdat je de basis van de Spiegeloefening onder de knie hebt en alle weerstand loslaat tegen het doen van deze spirituele oefening. Naarmate je de weerstand tegen het doen van de Spiegeloefening loslaat en de basisstappen zeer vaardig beheerst, zul je beginnen te leren hoe je de Spiegeloefening automatisch in je bewustzijn kunt doen als je van streek raakt. Als je deze stap bereikt, moet je misschien even de tijd nemen om alleen te zijn en in jezelf je conflict(en) te Spiegelen, maar als je nog meer vaardig wordt, is het „einddoel" om in staat te zijn je conflicten te Spiegelen en ze moeiteloos te helen, zelfs als je midden in een conflict zit.

Wanneer je de kloof naar Harmonieuze Eenheid met je Tweelingziel dicht, zul je de Spiegeloefening tot op dit punt onder de knie willen hebben. Dit is omdat wanneer je Tweelingziel zich gedraagt op een manier die je triggert, in tegenstelling tot het escaleren in een gevecht of emotioneel afsluiten en afstand nemen, zul je in staat en spiritueel volwassen genoeg zijn om ter plekke de Spiegeloefening te doen en je conflict met je Tweelingziel te helen. Als je dit doet met je Tweelingziel, en ook je andere relaties (zij zijn niet van jou uitgesloten om een conflict te Spiegelen die ze in jou naar boven brengen), neem je de volledige verantwoordelijkheid voor je gevoelens, emoties, en heling bij alles wat er in je ervaring en binnen je bewustzijn ontstaat. Je bent altijd verantwoordelijk voor het spiegelen van wat er in jou opkomt, niemand anders is verantwoordelijk voor je spirituele werk of zal dat ooit zijn.

Je Tweelingziel en je andere relaties zijn niet verplicht om de Spiegeloefening te doen of een conflict tussen jullie beiden te helen. Jij alleen bent verantwoordelijk voor jouw geluk. **Niemand heeft de macht over jou om je op <u>WELKE</u> manier dan ook te laten voelen.**

Dat is enorm, ik nodig je uit om te mediteren over de kracht van mijn vorige zin, want als je dat doet, zul je uiteindelijk beseffen hoe bevrijdend dat is voor jou en voor andere mensen en je relaties met hen. Je zult nooit meer het verlangen hebben om „slachtoffer" te spelen of anderen in staat te stellen datzelfde gedragspatroon te spelen, want de Waarheid is te krachtig.

Ik heb mensen in mijn leven gehad die *leefden* om mij ongelukkig proberen te maken, en uiteindelijk werden ze uit mijn ervaring gestoten, omdat ik alleen het Goddelijke in mijzelf en mijn relaties ondersteun, en zij moeten ofwel kiezen om zichzelf te veranderen om met mijn vibratie overeen te komen, of uit mijn realiteit vibreren.

*Met je Tweelingziel is er een andere set van regels dan de regels van een niet-Tweelingziel relatie.* Dit komt omdat je letterlijk Één bent in de kern met je Tweelingziel; als je kiest voor liefde en heling door het doen van de Spiegeloefening, ervaren zij die resulterende eenheid van binnen ook, en je zult positieve interne en externe resultaten met je Tweelingzieleenheid beginnen te merken. Als je heldere signalen begint te merken dat als je het werk doet om je conflicten te spiegelen en ze werkelijk te helen, ervaar je de vrede, opluchting en saamhorigheid die je verlangt in je leven, en met je Tweelingziel.

Ik kan je niet vertellen hoe vaak mensen in mijn *Twin Flame Ascension School* de Spiegeloefening hebben gebruikt om een communicatieblokkade met hun Tweelingziel te helen, en met zachte liefde, geduld, en doorzettingsvermogen, zijn ze gedeblokkeerd op sociale media door hun Tweelingziel! Of zelfs hoe een student in mijn en Shaleia's school haar leven intens wijdde aan de *Spiegeloefening*, onze leringen, en de steun van onze school en Facebookgroep (Twin Flame Universe: Open Forum), en kwam daadwerkelijk in haar permanente Harmonieuze Tweelingzieleenheid; en nu leren zij en haar Tweelingziel anderen hoe ze het kunnen doen wat wij hen leerden, en wat jij nu leert in dit boek.

Het is echter zo met het helen van een blokkade dat je die misschien wel geheeld hebt, maar dat zich dan een andere laag van die blokkade openbaart. Wees dus niet verbaasd of van streek als je zweerde dat je een blokkade, van in de steek gelaten zijn had geheeld, bijvoorbeeld, en je later weer een blokkade ervaart van je in de steek gelaten voelen. Dit is een diepe traumatische pijn met vele lagen, maar naarmate je verder heelt, pellen de lagen zich af totdat het volledig is opgelost en er alleen liefde overblijft waar je eens pijn en leegte voelde. Je kunt je heling niet controleren, je kunt je er alleen aan overgeven en opluchting voelen door het volledig aan God over te geven. De belofte van geloven in God is dat je niet in de steek gelaten zult worden.

Kiezen voor radicale compassie voor jezelf, je Tweelingziel en anderen in de wereld is absoluut essentieel om te vibreren naar Harmonieus Eenheidsbewustzijn. Het is nooit gepast om je jezelf op je kop te geven omdat je van streek bent, vooral niet als het een conflict is waarvan je denkt dat je het al permanent geheeld hebt. De juiste houding is zelfliefde en compassie, en keer terug naar het doen van de Spiegeloefening en ga dieper in je zelfliefde. Deze liefde die je voor jezelf cultiveert is een essentiële bouwsteen voor je Harmonieuze Tweelingzieleenheid, want wat je actief aan het bereiken bent is Goddelijke onvoorwaardelijke liefde voor jezelf. Zonder te kiezen voor onvoorwaardelijke liefde voor jezelf, je Tweelingziel en anderen, zul je niet in staat zijn om Harmonieuze Eenheid te manifesteren, omdat **Harmonieuze Eenheid alleen kan groeien en bloeien in de zuivere grond van onvoorwaardelijke liefde.**

Zoals je heel erg verlangt naar onvoorwaardelijke liefde en acceptatie van je geliefde Tweelingziel, verlangen zij dat ook heel erg van jou, maar je moet het eerst aan jezelf geven en het hen aanbieden als zij een duidelijk bod naar jou doen voor onvoorwaardelijke liefde en acceptatie. Soms moet je Tweelingziel een les ervaren in romantisch samenzijn met iemand terwijl jij je Spiegeloefening en het spirituele werk doet om bij hem of haar te zijn. Dit is een ervaring waar velen in worden uitgedaagd. Ongeacht wat er met je Tweelingziel gebeurt, zul je je Tweelingziel liefhebben en vertrouwen om hun eigen spirituele lessen te ervaren en tegelijkertijd onvoorwaardelijk van ze te houden en accepteren? Of zal je boos zijn, straffen, en proberen om hem of haar te controleren? Hoe je met je Tweelingziel omgaat staat in directe relatie tot hoe je met jezelf omgaat. Als je ervoor kiest om de controle over je Tweelingziel en hun spirituele lessen los te laten, evenals de controle los te laten in hoe zij jou zien (veel mensen proberen een façade van „perfectie" op te zetten), zul je ervaren dat je Tweelingziel groeit in aantrekkingskracht en aantrekkelijkheid naar jou toe, omdat je een stralend licht bent van authenticiteit, onvoorwaardelijke liefde, en acceptatie. Wie vindt dat niet aantrekkelijk? Je Tweelingziel wordt van nature aangetrokken door je authenticiteit. Gewoon jij die jij bent, en niet jij die jezelf „photoshopt" of controleert, of je levenservaring. De *Spiegeloefening* is ook ontworpen voor jou om verliefd te worden op je ware authentieke zelf, die automatisch je Tweelingziel magnetiseert naar jou, en het verdiept je Harmonieuze Eenheid als je dat eenmaal bereikt hebt.

## De Spiegeloefening: Alles Wat Je Nodig Hebt om Harmonieuze Tweelingzieleenheid Aan te Trekken en te Bereiken

Hoe werkt de Spiegeloefening precies in relatie tot je bewustzijn? Je externe ervaring wordt gecreëerd in je interne bewustzijn. Je innerlijke bewustzijn is gebaseerd op je keuzes, gedachten en gevoelens. Dit komt omdat je gedachten en gevoelens ontstaan uit een kernkeuze om je goed of slecht te voelen, en de daaropvolgende gedachten en gevoelens zijn het resultaat van die keuze. Je leven speelt zich niet buiten je af, je leven speelt zich binnenin je af en drukt zich naar buiten uit door vibrerende ervaringen naar je toe te magnetiseren. Zelfs nu, terwijl je deze woorden leest, lees je ze binnenin jezelf met behulp van je visie, die wordt geïnterpreteerd in je hersenen; en hoe je denkt en voelt met betrekking tot wat je aan het lezen bent, gebeurt nu en tijdens je hele ervaring van het boek binnenin jezelf.

Dus wanneer je Tweelingziel, God of andere relaties die je hebt je triggeren (dit noemen we een "conflict"), is dat omdat ze een gedachte/overtuiging spiegelen die je hebt die niet op één lijn ligt met de Goddelijke Geest, dat het bewustzijn van de Hemel is, en je natuurlijke staat van welzijn. Deze conflicten wijzen je de weg terug naar Huis als je actief kiest voor je heling en je Harmonieuze Eenheid met het Goddelijke en jezelf. Daarom kun je enorm versnellen op je spirituele reis met behulp van de heilige Spiegeloefening. De echte essentie ervan is ontworpen om je niet alleen je Harmonieuze Tweelingzieleenheid te geven, maar ook een duidelijk en direct pad terug naar je perfecte innerlijke staat. Je kunt de Spiegeloefening zelfs gebruiken om lichamelijke kwalen en ziekten binnenin jezelf en anderen te helen (en dat heb ik gedaan), maar dat is een onderwerp voor een ander boek.

Ik ga je in dit hoofdstuk vier voorbeelden geven van hoe je de Spiegeloefening kunt gebruiken. Je gebruikt de Spiegeloefening wanneer je *van streek bent*. Twee van de voorbeelden tonen verontrustende interacties op het gebied van gezin en werk, terwijl de andere twee interacties de meest voorkomende conflicten tonen die mensen hebben met hun Tweelingziel. Deze twee veel voorkomende conflicten zijn:

1. **Ik ben van streek door mijn Tweelingziel omdat hij/zij niet met mij communiceert.**
2. **Ik ben van streek door mijn Tweelingziel omdat hij/zij niet bij me wil zijn.**

Laten we deze oefening eerst beginnen met een eenvoudig voorbeeld van een hypothetisch probleem die je hebt op het gebied van familie. Stel je voor dat je zus je constant intimideert als je met haar praat. Je belt haar en ze intimideert je. Je komt opdagen bij een familiediner en ze intimideert je. Je eet een heerlijk broodje op de boulevard met je goede vriend, en je zus ziet je en begint je te intimideert. Waarom intimideert ze je? Het is omdat ze van je houdt! Ik bedoel niet dat ze je intimideert omdat ze van je houdt. Ik bedoel, haar Goddelijke Zelf houdt zoveel van je dat ze bereid is om in jou te weerspiegelen waar jij in jezelf niet goed afgestemd bent. Technisch gezien is het gewoon God die via haar van je houdt om je patroon te zuiveren. Hoe spiegelt ze je iets voor? Ze reflecteert naar je terug dat je jezelf in je bewustzijn op de één of andere manier intimideert.

Terwijl je de gegeven voorbeelden volgt, gebruik je je eigen persoonlijke verhaal om de Spiegeloefening te voltooien. Welk verhaal moet je gebruiken? **Alles wat je nu van streek maakt**, en bij voorkeur iets dat je het meest van streek maakt. Doorgaans zullen we in mijn Eenheid met Shaleia een handvol emotionele en spirituele conflicten ervaren die naar de oppervlakte komen om met één of meer conflicten tegelijk te worden losgelaten. Het is als een spirituele ui die laag na laag wegvalt en als hij geheeld is verandert hij in een prachtige lotusbloem. We hoeven geen controle te hebben over wat er op een bepaald moment aan de oppervlakte komt om te helen, omdat het proces heel natuurlijk en organisch is. Niets gebeurt zoals we het verwachten, en dat is een zeer, zeer goede zaak. Het is vanuit deze plaats van geduld en niet-gehechtheid dat we gemakkelijk door alles heen kunnen gaan wat er op dit moment in ons opkomt, en erop vertrouwen dat wat vrijkomt in ons beste en hoogste belang is, en in het hoogste belang van onze Harmonieuze Tweelingzieleenheid.

In je Harmonieuze en pre-Harmonieuze Tweelingzieleenheid zullen veel verkeerd afgestemde gedachten en overtuigingen, gebaseerd op afscheidingsbewustzijn, naar de oppervlakte van je bewustzijn komen voor heling. Je hebt een specifiek, eenvoudig en bewust proces nodig dat je door je uitdagingen heen kan helpen, of je gaat ontdekken dat jij en je Tweelingziel de gevreesde 'Tweelingziel-vluchtdynamiek' hebben ontwikkeld. Dit is wanneer beide partners op een bepaald niveau in tegenovergestelde richting van hun Eenheid vluchten. Zie je hoe ik het „jaag" -gedeelte heb weggelaten van wat mensen denken dat de „vlucht- & jaag-dynamiek" is? Dit komt omdat je Tweelingziel spiegelt hoe je jezelf ergens in je bewustzijn wegduwt. Vluchten en jagen kan eigenlijk alleen logisch gebeuren met een niet-Tweelingziel-relatie. Maar als je ofwel wegrent of je Tweelingziel achtervolgt, is dat omdat je ergens diep van binnen voor jezelf vlucht. Het doen van de Spiegeloefening op dit conflict zal dieper gaan en dit probleem volledig oplossen.

Wanneer je Tweelingziel je van streek maakt, is dat omdat je Tweelingziel iets in jou weerspiegelt dat niet op één lijn ligt met je Goddelijke Zelf. Je Goddelijke Zelf is het deel van jou dat altijd als pure liefde bestaat en ook wel je Hogere Zelf wordt genoemd. Dus je doet jezelf in feite iets aan in je bewustzijn om jezelf van streek te maken, en dat is eigenlijk waarom je in de eerste plaats van streek voelt door iemand anders. De Spiegeloefening is een krachtig hulpmiddel om deze conflicten aan te pakken en uit je realiteit te verwijderen, zodat je niet alleen meer vrede, liefde en geluk kunt ervaren, maar de kernblokkades te helen die je rechtstreeks van je Harmonieuze Tweelingzieleenheid weerhouden.

## <u>De Spiegeloefening:</u>
# STAP ÉÉN

**Schrijf één beknopte zin op van wat je precies van streek maakt. Probeer te begrijpen wat precies de kern van je conflict is wanneer je het opschrijft, zodat je helder en beknopt bent.**

*"Mijn zus maakt me van streek omdat ze mij altijd intimideert wanneer ik met haar praat!"*

Er zijn een aantal onderdelen hieraan:

**De *wie*** – mijn zus.
**De *wat*** – ze maakt me van streek!
**De *waarom*** – omdat ze mij intimideert.
**De *waar/wanneer*** – telkens als ik met haar praat.

Nu heb je alle onderdelen voor Stap Één van de Spiegeloefening. Goed gedaan! Als je het nog niet helemaal begrepen hebt voor je verhaal, kunnen we ons een conflict met Riley, je collega voorstellen om je verder te helpen met je opheldering. Stel je voor dat je een paar maanden met Riley werkt en je begint te ervaren dat Riley niet zoveel geeft om jullie werkrelatie. Riley verwacht dat je meer geeft aan je werk dan Riley doet, dus je moet in wezen de laksheid op het werk opvangen, en je wordt verwacht door je werkgever om door te gaan met het geven van ofwel dezelfde hoeveelheid energie of meer. Dus, op een stuk papier zou je kunnen schrijven:

*„Riley maakt me van streek omdat hij/zij van mij verwacht dat ik meer geef op het werk en in onze werkrelatie dan de steun die ik van hem/haar terug krijg."*

Wat zijn de onderdelen?

**De *wie*** - Riley.
**Het *wat*** - maakt me van streek.
**Het *waarom*** - omdat hij/zij verwacht dat ik meer geef dan wat ik van hem/haar ontvang.
**De *waar/wanneer*** - in onze relatie op het werk.

Laten we nu Stap Één van de Spiegeloefening doen voor de twee meest voorkomende conflicten die mensen hebben met hun Tweelingziel. Er zijn veel verschillende variaties van dezelfde conflicten die ik in deze twee voorbeelden geef, dus je kunt in feite precies dezelfde voorbeelden hieronder gebruiken als ze je kernconflicten met je Tweelingziel zijn, en/of je kunt ze veranderen om een specifiek conflict uit te drukken dat je hebt die ofwel vergelijkbaar of verschillend is van de voorbeelden die hieronder worden gegeven.

*„Ik ben van streek door mijn Tweelingziel omdat hij/zij niet met me communiceert via social media/e-mail/telefoon, etc."*

De *wie* - mijn Tweelingziel.
Het *wat* - maakt me van streek.
Het *waarom* - omdat hij/zij niet met me communiceert.
De *waar/wanneer* - op sociale media/e-mail/telefoon, etc.

> *„Ik ben van streek vanwege mijn Tweelingziel omdat hij/zij niet bij me wil zijn of iets met mijn leven te maken wil hebben. Ik ben van streek omdat ik me in de steek gelaten en verraden voel door mijn Tweelingziel."*

De *wie* - mijn Tweelingziel.
Het *wat* - maakt me van streek.
Het *waarom* - omdat ze niet bij me willen zijn en ik mij daardoor in de steek gelaten en verraden voel.
De *waar/wanneer* - in mijn/ons leven.

Terugblik op Stap Één: Schrijf in één beknopte zin het conflict op dat je ervaart. Doe je best om de oorzaak van je conflict onvrede tegenover de persoon te identificeren. Dit stuk is belangrijk om duidelijkheid te krijgen over het diepere conflict in je die uiteindelijk een kernblokkade vormt voor je Harmonieuze Tweelingzieleenheid. Het helen van dit conflict betekent dat je een stap dichter bij je Eenheid bent!

## De Spiegeloefening:
## STAP TWEE

**Schrijf de zin van Stap Één helemaal opnieuw uit, maar *verander alle zelfstandige naamwoorden in voornaamwoorden* om naar jezelf te verwijzen. Bijvoorbeeld:**

Voorbeeld A:

STAP ÉÉN: „Mijn zus maakt me van streek omdat ze me altijd intimideert als ik met haar praat!"

**STAP TWEE: „Ik maak mezelf van streek omdat ik mezelf altijd intimideert als ik tegen mezelf praat!"**

Voorbeeld B:

STAP ÉÉN: „Riley maakt me van streek omdat hij/zij verwacht dat ik meer geef aan onze werkrelatie dan wat ik van hem/haar ontvang."

**STAP TWEE: „Ik maak mezelf van streek omdat ik van mezelf verwacht dat ik meer geef aan mijn relatie dan wat ik van mezelf ontvang."**

Voorbeeld C:

STAP ÉÉN: „Ik ben van streek door mijn Tweelingziel niet met me communiceert op sociale media/e-mail/telefoon, etc."

**STAP TWEE:** "Ik ben van streek door mezelf omdat ik niet met mezelf communiceer."

<u>Voorbeeld D:</u>

<u>STAP ÉÉN:</u> "Ik ben van streek vanwege mijn Tweelingziel omdat hij/zij niet bij me wil zijn of iets met mijn leven te maken wil hebben. Ik ben van streek omdat ik me in de steek gelaten en verraden voel door mijn Tweelingziel."

**STAP TWEE:** "Ik ben van streek door mezelf omdat ik niet met mezelf wil zijn of iets met mezelf te maken wil hebben. Ik ben van streek door mezelf omdat ik me in de steek gelaten en verraden voel door mezelf."

De Spiegeloefening werkt omdat je externe leven altijd een weerspiegeling is van alle niveaus van je bewustzijn, dat gecreëerd wordt door de kernkeuzes in je geest. Wat je kiest aan de binnenkant van jezelf, is wat er aan de buitenkant van jezelf wordt gecreëerd. Dat is het resultaat en de waarheid van de Wet van Aantrekking. Zoals binnen, zo buiten. Deze conflicten of ergernissen zijn conflicten of ergernissen *binnenin jou*. Je creëert automatisch aan de buitenkant wat naar je teruggekaatst wordt vanuit binnenin jezelf.

**De intimiderende zus?** Ja, in dit voorbeeld weerspiegelt ze hoe jij jezelf intimideert. Elke reflectie is totaal persoonlijk en nooit universeel tussen dezelfde ervaringen en mensen. Alleen jij kunt bepalen welke gedachten, gevoelens en overtuigingen je van binnen koestert die je conflicten veroorzaken.

**De collega relatie kwestie met Riley?** In dit voorbeeld reflecteert Riley naar jou hoe je niet aan jezelf geeft, en hoe je van jezelf verwacht dat je meer geeft in relaties dan je aan jezelf geeft, dus heb je eigenlijk niets te geven aan je relaties totdat je ervoor kiest om aan jezelf te geven. Misschien zou het geven aan jezelf in dit voorbeeld een liefdevolle en stevige grens zijn met betrekking tot wat je wel en niet zult doen. Dit is hoe je begint met het cultiveren van zelfrespect en zelfvertrouwen, en anderen leert hoe ze jou op de juiste manier moeten behandelen in elke omstandigheid.

**Je Tweelingziel die niet met je wil praten?** Die spiegelt direct naar je terug hoe je niet communiceert met een deel van jezelf. Je zou bij jezelf kunnen denken, „Wat betekent dat? Hoe kan ik niet met mezelf communiceren?" Nou, misschien negeer je je behoeften, negeer je je intuïtie, je negeert het stellen van een gezonde grens met jezelf en anderen, je negeert het luisteren naar jezelf, je negeert je seksualiteit en seksuele behoeften, je creativiteit, je spiritualiteit, je goddelijke begeleiding en signalen die via jou en andere mensen en situaties komen, je schoonheid, intelligentie en kracht, je innerlijke kind, negeer je wat je financiën je vertellen; *negeer je bij je Goddelijke Zelf te zijn en een echte liefdevolle relatie met jezelf te cultiveren.* De lijst van hoe je jezelf potentieel vermijdt en verwaarloost kan nog wel even doorgaan, maar je snapt het plaatje. Ergens binnenin je, praat je niet met jezelf: je Goddelijke Zelf. Maar je kunt dit helen door ervoor te kiezen om je Goddelijke Zelf op geen enkele manier meer te negeren, maar ervoor te kiezen om naar jezelf te luisteren en een betere zelf-relatie te ontwikkelen, zodat je niet langer ervaart dat dit conflict voortduurt, of dat je geliefde Tweelingziel niet met je praat.

**Wil je Tweelingziel niet bij jou zijn?** In dit onderzoek spiegelt je Tweelingziel hoe jij niet bij jezelf wilt zijn. Misschien probeer je iets te *krijgen* van iemand buiten jezelf. Ja, dit geldt zeker ook voor je Tweelingziel, omdat je geen liefde wil krijgen van jezelf of van God binnenin jou. Je probeert het van je Tweelingziel te krijgen en daarom duwen ze je weg. Je bent van nature alleen magnetisch voor je Tweelingziel als je compleet binnenin jezelf bent, in plaats van vanuit een hulpbehoevende staat te komen, wat een afstotende energie is. Je bent alleen voldaan door en via Gods Goddelijke Liefde. Op het moment dat je iets „nodig" hebt om je te vervullen, ben je bezig met afhankelijkheidsgedrag en te kijken naar je Tweelingziel als Bron, in plaats van God te zien als je Bron. Je Tweelingziel kan nooit de rol van God en Gods Liefde voor jou vervangen. Velen zouden hun Tweelingziel zo willen behandelen, maar het is een ongepaste rol om hen daarin te plaatsen omdat zij niet je Schepper zijn. Zij kunnen nooit vanuit de ervaring of waarheid komen om van je te houden vanuit een positie jou te hebben gecreëerd in volmaakte Goddelijkheid en Liefde.

Er zijn vele andere voorbeelden van hoe je niet bij jezelf wilt zijn omdat je je ongemakkelijk voelt om alleen te zijn met jezelf en je Goddelijke Zelf, maar dit is de kans die wordt geboden om werkelijk je eigen echte beste vriend te worden boven wie dan ook afgezien van God. Je Tweelingziel is je beste vriend, maar God is eerst je beste vriend, dan jij, DAN je Tweelingziel. Dit is de *juiste volgorde* van relatie. Je zult echter merken dat je eigen beste vriend zijn praktisch hetzelfde is als God die je beste vriend is, en je Tweelingziel is en wordt van nature je beste vriend als gevolg van je bovenstaande prioriteiten.

Als je niet bij jezelf wilt zijn, of bij God, dan ervaar je verlating, wat ook voelt als verraad, want dat is het ook.

God zou je nooit in de steek kunnen laten. Als God verlating zou scheppen dan zou het echt zijn, maar het is een illusie omdat God alleen volmaaktheid schept, en wij zijn Één met onze geliefde Schepper. Wanneer je niet bij jezelf wilt zijn, verlaat je jezelf en open je jezelf dus voor de ervaring van verlaten worden door anderen (dit is hoe spiegelen werkt). Maar als je je Goddelijke Logica openstelt, zul je zien, zoals ik heb gezien, dat je niet in de steek gelaten kunt worden door iemand die jou nooit werkelijk als de zijne heeft opgeëist. Dus, je werd nooit verlaten omdat je in de eerste plaats nooit door hen werd geclaimd, je ervaarde enkel de illusie gebaseerd op het geloof dat je in liefde door hen werd geclaimd. Mensen die hun relaties verlaten beoefenen ook zelfverlating, anders zouden ze niet in staat zijn tot deze daad. Voel dus gewoon compassie voor hen en anderen wanneer je je dit realiseert. Als je ervoor kiest om te stoppen met jezelf in de steek te laten en naar jezelf te luisteren en van jezelf te houden waar je dat nodig hebt, stop je met jezelf in de steek te laten en ontwikkel je zelfvertrouwen, liefde en geloof. Als gevolg daarvan zal je Tweelingziel van toon veranderen over het niet bij je willen zijn, want door jezelf op te eisen, eis je ALLES van jezelf op, wat natuurlijk ook je Tweelingziel omvat, want zij zijn ook jou.

Zie je hoe voorbeeld C en D zo met elkaar verbonden zijn? Dat komt omdat de twee problemen in de kern praktisch dezelfde problemen zijn. Er zijn veel aanwijzingen over hoe je jezelf in de steek laat en hoe je dat kunt helen.

## De Spiegeloefening:
## STAP DRIE

Vraag jezelf nu af: „Is er ook maar IETS waar van deze uitspraak?" Het antwoord is altijd „Ja" omdat het in je ervaring zit. Ga dieper tot je de kern van het probleem vindt als je wilt. Maar zoals de beroemde Boeddha ooit zei: „Trek gewoon de doorn eruit en ga verder. Kijk er niet naar." Als we namelijk elk detail psycho-analyseren van de oorsprong van een conflict, verliezen we onze aandacht voor het liefhebben van dat deel van onszelf dat om liefde vraagt, en het over-analyseren van een conflict is een vorm van controle en vermijding om stap vier te doen. Houd gewoon van jezelf door stap vier te doen, en ga verder met het helen van het volgende conflict dat opkomt.

Laten we dit toepassen op het conflict van voorbeeld A:

*„Ik maak mezelf van streek omdat ik mezelf steeds intimideer als ik tegen mezelf praat!"*

Vraag jezelf nu oprecht af of er ook maar IETS van waarheid in deze uitspraak zit. Neem de tijd en denk na over hoe het waar zou kunnen zijn in je bewustzijn. Zou ik mezelf kunnen kwellen? Onder welke omstandigheden intimideer ik mezelf? Je antwoord kan er ongeveer zo uitzien:

„Ja, ik intimideer mezelf. Ik merk dat telkens wanneer ik in mijn hoofd tegen mezelf praat, ik negatieve dingen tegen mezelf zeg, en ik geloof dat ik niet perfect ben in sommige of alle opzichten. Ik veronderstel dat als iemand anders deze dingen tegen me zou zeggen, ik me erdoor geïntimideerd zou voelen. Ik ben er ook zeker van dat als ik ooit deze dingen tegen iemand anders zou zeggen, zij zich door mij geïntimideerd en onder druk gezet zouden voelen. Dus ja, deze uitspraak is voor mij heel erg waar." *(Hint: onthoud dat het antwoord altijd „Ja" is).*

Laten we verder gaan met voorbeeld B:

*„Ik maak mezelf van streek omdat ik van mezelf verwacht dat ik meer geef in mijn relatie dan wat ik van mezelf ontvang."*

Zit er enige waarheid in deze uitspraak?

„Ja. Ik geef mezelf niet wat ik nodig heb, en ik verwacht van mezelf dat ik meer geef in mijn relaties dan ik kan. Ik doe dit omdat ik hoop dat ik uit mijn relaties kan halen wat ik kies om niet aan mezelf te geven. Ik weet dat ik mijn vicieuze cirkel van afhankelijk gedrag kan helen, omdat ik weet dat God mijn bron van heling en geluk is, niet andere mensen."

*Dat is de reden waarom Riley's gedrag je zo van streek maakt.* Riley weerspiegelt in jou het verkeerd afgestemde deel van je dat jou niet geeft wat je nodig hebt! Je conflict heeft helemaal niets met Riley te maken, je bent alleen maar van streek door wat *je jezelf aandoet in je eigen bewustzijn!*

Je conflict met jezelf is de reden dat je Riley op dit moment als je collega ervaart, en ze helpen je een kernblokkade voor je Tweelingzieleenheid te helen! Werk door deze kwesties binnenin jezelf als Riley ze aan je presenteert als een reflectie van binnenin jezelf, en Riley zal natuurlijk wegvallen (of zich aanpassen aan je nieuwe vibratie), waardoor de volgende stap in de richting van je Tweelingziel en Harmonieuze Eenheid zich ontvouwt. Het hoeft niet Riley te zijn, je Tweelingziel, of je broer of zus die je problemen en uitdagingen zal voorleggen. De mensen om je heen, zelfs iemand in het voorbijgaan kan ervoor zorgen dat je je van streek voelt. Het is je taak om deze patronen op te ruimen terwijl je naar je Ultieme Geliefde beweegt, zodat je de weg vrij kunt maken naar je Harmonieuze Tweelingzieleenheid, en je Harmonieuze Eenheid permanent in stand kunt houden. Het doen van de Spiegeloefening is een activiteit die niet stopt totdat je Perfecte Eenheid hebt bereikt (In een later hoofdstuk bespreek ik meer diepgaand over Perfecte Eenheid).

Verder met voorbeeld C:

*„Ik ben van streek vanwege mezelf omdat ik niet met mezelf communiceer."*

Zit er enige waarheid in deze uitspraak?

„Ja. Ik communiceer niet met mijn Authentieke Zelf. Ik geloof dat als ik uitdruk wie ik werkelijk van binnen ben, ik word afgewezen door mijn Tweelingziel. Ik weet dat het afwijzen van mijn Authentieke Zelf het verlaten is van wie ik van binnen ben, maar ik weet niet zeker hoe ik me veilig kan voelen om mezelf te zijn bij anderen en vooral bij mijn Tweelingziel."

Nogmaals, je kunt zien dat je conflict eigenlijk niets te maken heeft met je Tweelingziel, maar alles met jou. Je kunt niet bepalen hoe anderen je zien, ervaren of op je reageren. Het is niet eens je taak om erom te geven. Het is je taak om alleen de authentieke liefde en creatieve expressie uit te drukken die je bent. Je Tweelingziel die jou wegduwt is slechts een kans voor jou om dieper te gaan in het liefhebben van wie je in je kern bent, en niet om te controleren hoe je verschijnt of bent voor je Tweelingziel. Onder controle houden hoe je verschijnt of bent creëert blokkades voor intimiteit met je Tweelingziel, omdat je intiem zijn met jezelf blokkeert.

Laten we tot slot naar voorbeeld D kijken:

*"Ik ben van streek vanwege mezelf omdat ik niet bij mezelf wil zijn of iets met mijn leven te maken wil hebben. Ik ben boos op mezelf omdat ik me in de steek gelaten en verraden voel door mezelf."*

„Ja, dat is waar. Ik heb er moeite mee om lang in mijn gezelschap van God en mijn Goddelijke Zelf te kunnen zijn, als ik dat al kan. Ik ben niet 100 procent gelukkig met mijn leven dus ik verdoof mezelf en creëer manieren om te ontsnappen aan wat ik niet leuk vind aan mezelf en mijn leven. Ik merk dat ik mezelf in de steek laat en verraad omdat ik niet naar mezelf luister, maar ik luister wel naar wat anderen van me willen en handel op basis van hen en hun wensen en behoeften met betrekking tot mij en mijn leven."

Zoals je kunt zien, houdt je Tweelingziel volledig van je door je je belangrijkste verkeerd afgestemde gedachten en handelingen te laten zien die je uit de pas hebt laten lopen met je Harmonieuze Tweelingzieleenheid. Als je niet in je eigen gezelschap kunt zijn, het gezelschap van je Goddelijke Zelf, en naar je Goddelijke Zelf luistert en handelt, kun je niet lang in de aanwezigheid van je Tweelingziel zijn, als dat al het geval is, want nogmaals, zij zijn Één met jou. Hoe kun je lang in de aanwezigheid van je Tweelingziel zijn als je het nauwelijks kunt uithouden om in de aanwezigheid van je Authentieke en Goddelijke Zelf te zijn? Het werkt niet en je Tweelingziel spiegelt dat voor jou. Harmonieuze Tweelingzieleenheid is een Goddelijke Liefde en dat is waarom we je leren hoe je je daarop kunt afstemmen om permanent je Harmonieuze Eenheid te hebben. Nogmaals, het gaat er niet om dat jij „perfect bent". Je bent al perfectie. Dit gaat over het opruimen van alleen de kernblokkades van liefde voor je Harmonieuze Tweelingzieleenheid, en als je deze oefening en onze leringen in dit boek toepast en de daaropvolgende positieve resultaten daarvan ervaart, zul je je aangemoedigd voelen om door te gaan. Om je Harmonieuze Tweelingzieleenheid te hebben dien je je te verbinden aan het spirituele werk en proces dat we met je delen en er helemaal in opgaan. Als je maar half in dit werk gaat, krijg je maar half resultaat. Er helemaal in opgaan zal je alles-in-één resultaten geven. Je hebt niets te verliezen, en alleen al het Goddelijke te winnen.

Als je uiteindelijk je Tweelingziel ontmoet, zul je tegen zoveel kleine problemen aanlopen, zoals de voorbeelden die we delen, die de potentie hebben om jou en je Tweelingziel in tegengestelde richtingen te laten slingeren. Maar dat is het niet waard. Het is het niet waard om je Tweelingziel te verliezen door deze kleine conflicten. Doe gewoon de oefening en de conflicten zullen een eenvoudige zaak zijn om op te lossen. Als je ervoor kiest de Spiegeloefening niet te doen, dan kunnen deze kleine conflicten je kansen op Harmonieuze Eenheid met je meest Perfecte Geliefde verpesten. Laat dit niet aan je voorbij gaan. Dat kun je je niet veroorloven! Sla een ander deel van het boek over dan de *Spiegeloefening*. Sla dit ene ding niet over. Je bent het aan jezelf en je Tweelingziel verschuldigd om dit materiaal te leren en te gebruiken. Je kunt je Harmonieuze Tweelingzieleenheid niet bereiken zonder dit. Vertrouw me, want dit is het proces dat mijn succes heeft bereikt en het succes van andere paren in mijn Twin Flame Ascension School, die uiteindelijk Harmonieuze Eenheid met hun Tweelingziel hebben bereikt.

Als je ervoor kiest dit werk te doen, behoor je tot de weinigen die Harmonieuze Tweelingzieleenheid voor het eeuwige leven zullen aantrekken en *BEHOUDEN*. De Spiegeloefening doet me nog steeds versteld staan, iedere keer als ik hem doe. Maar ik doe het, en het werkt om mijn kernblokkades voor mijn geliefde elke keer te helen, zelfs als het moeilijk voor me is om naar te kijken. Als het werkt, is het echt, en als het echt is, werkt het. Je hoeft niet eens te begrijpen hoe of waarom het werkt om het proces volledig te voltooien. Ik nodig je uit om het proces te voltooien en je zult de hele weg de beloningen en voordelen plukken. Een groot voordeel van de beloning is ware innerlijke vrede, geluk, en diepere niveaus van liefde met je Tweelingziel of je ze nu al ontmoet hebt of niet.

Laten we de stappen doornemen die we tot nu toe hebben behandeld:

**STAP ÉÉN:** Schrijf in één beknopte zin het conflict op die je ervaart.

**STAP TWEE**: Schrijf de zin helemaal opnieuw, maar verander alle zelfstandige naamwoorden om in voornaamwoorden zodat ze naar jezelf verwijzen.

**STAP DRIE:** Vraag jezelf af: „Is er IETS waar van deze uitspraak?" en ga dieper tot je de kern van het conflict vindt, maar je bent intelligent en een spiritueel genie dus je weet al dat het antwoord „Ja" is, want dat is wat je ervaart als gevolg van je ervaring en bewustzijn.

Je zult deze oefening moeten opschrijven terwijl je hem doet. Mijn spirituele docent heeft dit zo vaak bij mij benadrukt en ze had gelijk. Telkens als ik het opschreef in Stap Één, en het dan weer opschreef in Stap Twee, gebeurde er iets magisch als ik de woorden omdraaide om naar mezelf te wijzen. Dit is de beste manier om het te leren en je hieraan te wijden als je nieuwe spirituele oefening om je jouw Permanente Harmonieuze Tweelingzieleenheid te brengen. Uiteindelijk zul je het voldoende onder de knie hebben om het in je hoofd te doen waar je ook bent, maar je kunt er niet komen totdat je comfortabel bent met het proces door het eerst in een kladblok of een speciaal schrift te schrijven.

**STAP VIER:** Spreek tot het innerlijke deel van jezelf dat het conflict veroorzaakt en hou van jezelf.

Dit is waar de heling plaatsvindt en waar je intimiderende zus, of je Tweelingziel die plotseling uit je leven verdwijnt je niet langer van streek maakt. Als je het conflict niet meer ervaart in je werkelijkheid en je ervaart opluchting in je vibratie, is het duidelijk dat je het werkelijk hebt geheeld. Als het blijft terugkomen, en opnieuw, en opnieuw, blijf dan de Spiegeloefening doen totdat je werkelijk de wortel van het probleem ontdekt en het heelt. Soms verloopt de heling in lagen. Als je het eindelijk geheeld hebt, zal het niet meer in je ervaring ontstaan. **Wanneer de intimidatie van je zus echt stopt je van streek te maken, of helemaal stopt, ben je klaar met het helen van dit aspect van jezelf.** Het is merkwaardig hoe het werkt, en het is ongelooflijk welke resultaten je kunt bereiken door je innerlijke werk te doen.

Dus laten we nog eens kijken naar de zin van stap twee:

*„Ik maak mezelf van streek omdat ik mezelf steeds intimideer als ik tegen mezelf praat."*

We gaan praten met het deel van onszelf dat, in dit voorbeeld, de rest van ons intimideert. Laten we een denkbeeldig dialoog houden. Om dit te kunnen doen, moeten we in staat zijn het deel van onszelf dat het probleem veroorzaakt onder ogen te komen, en ernaar te luisteren. Dus, we centreren ons in onszelf en spreken tot de energie in ons die van streek is.

„Hoi, waarom intimideer je me zo?"

Het antwoord is, „Nou, omdat je niet mooi, perfect en goed bent."

Je zegt instinctief terug, terwijl je de waarheid kent: „Ik weet dat ik mooi, volmaakt en goed ben in de ogen van God."

Je bent nu al begonnen jezelf liefde te geven waar er een gebrek aan liefde was. Wacht hierna af en kijk of je iets terug hoort. Soms kan dit het einde zijn. Je hebt verklaard dat je mooi, volmaakt en goed bent aan het deel dat voorheen anders geloofde, misschien is dat alles wat je hoefde te doen. Het probleem wordt dan opgelost alleen door jouw zelfliefde. Maar misschien hoor je iets terug als: „Nee, je bent niet perfect. Toen je vijf was zei je moeder dat je je haar moest borstelen zodat je er goed uit zou zien, maar je ging die dag naar het verjaardagsfeestje zonder je haar te borstelen. Je bent niet perfect, dus er kan niet van je gehouden worden."

In dit geval zou je met het gekwetste kind in jezelf kunnen gaan praten en hem of haar eraan herinneren dat zij of hij heel erg geliefd is en absoluut mooi, goddelijk perfect en goed. Je zou het kind kunnen omhelzen, en het liefde kunnen sturen door hem of haar naar het diepste centrum van je hart te brengen.

*Je hoeft alleen maar de bron te vinden van de plek in jou die niet liefdevol is en geef het de liefde waar het om vraagt.*

Daarna zal de persoon in je die zegt dat je niet mooi, Goddelijk perfect of goed bent, geïntegreerd zijn in je hele zelf, en je ervaring van 'van streek' zijn als je zus je probeert te intimideren, zal niet meer voorkomen omdat je de waarheid over jezelf kent. Ze kan zelfs helemaal ophouden je te intimideren omdat er geen knop meer is om op te drukken. Deze oefening werkt als magie. Je zult dit onder de knie willen krijgen voordat je je Tweelingziel ontmoet, want conflicten zullen snel en krachtig komen als je met je Tweelingziel bent. De reden dat Tweelingzielenergie krachtiger is, is omdat Tweelingzielenergie zeer versterkt is in vergelijking met de energie tussen soulmate of romantische relaties; dit komt omdat zij je meest perfecte en heldere spiegel zijn van je gedachten, gevoelens en keuzes.

Laten we het voorbeeld ook met Riley doen om meer helderheid in deze oefening te brengen:

**STAP ÉÉN:** *Schrijf in een beknopte zin het conflict op die je ervaart:*

> „Riley maakt me van streek omdat hij/zij van mij verwacht dat ik meer geef aan onze werkrelatie dan wat ik van hem/haar ontvang."

**STAP TWEE:** Schrijf de zin helemaal opnieuw, maar verander alle zelfstandige naamwoorden in voornaamwoorden en wijs ze naar jezelf:

> „Ik maak mezelf van streek omdat ik van mezelf verwacht dat ik meer geef aan mijn relatie dan wat ik van mezelf ontvang."

**STAP DRIE:** Vraag aan jezelf: „Is er IETS van waarheid in deze uitspraak?" en ga zo nodig dieper tot je de kern van het probleem vindt:

**„Ja, dit is waar omdat ik mezelf niet geef wat ik nodig heb, en ik verwacht van mezelf dat ik meer geef in mijn relaties dan ik in staat ben. Ik doe dit omdat ik hoop dat ik uit mijn relaties kan halen wat ik mezelf nog niet geef."**

**STAP VIER:** Spreek tot het deel van jezelf dat het probleem veroorzaakt en hou van jezelf:

Sluit je ogen en stel je voor dat het verkeerd afgestemde deel van jezelf dichtbij je staat. „Waarom hoop je dat je meer uit je relaties kunt halen dan wat je niet nu al aan jezelf geeft?" zou je er tegen kunnen zeggen.

„Omdat ik niet geliefd wil zijn. Ik wil geliefd zijn vermijden omdat ik geen liefde verdien," zou het kunnen antwoorden.

„Oh, maar je verdient wel liefde!" zou je kunnen zeggen, pauzerend om te luisteren voor een verdere reactie. Als je ervaart dat er geen diepere kwestie opkomt, kun je vervolgens dat deel van jezelf vragen wat het nodig heeft om te voelen dat het liefde verdient.

„Ik moet vastgehouden en verteld worden dat ik liefde verdien," zou het kunnen zeggen.

**Het zal je altijd vertellen wat het nodig heeft om zich geliefd te voelen.** Alles wat je nu hoeft te doen is dat deel van jezelf precies datgene te geven wat het je vertelde dat het nodig heeft om te voelen dat het liefde verdient. Doe het gewoon in je verbeelding.

Houd dat deel van jezelf in je verbeelding vast en vertel het dat het liefde verdient. Zodra je voelt dat dat deel van jou volledig geliefd is, ben je klaar met de Spiegeloefening. Één van de psychologische en fysiologische voordelen van de visualisatiestap van de Spiegeloefening is *dat het wetenschappelijk bewezen is dat de hersenen het verschil niet kennen tussen wat je ziet en ervaart in de fysieke wereld, en wat je ziet en ervaart als je je visualisatie en voorstellingsvermogen gebruikt.*

De diepe waarheid van deze wetenschap heeft in feite een grote invloed op je gezondheid en heling, omdat je letterlijk „terug in de tijd" kunt gaan en je kindertijd kunt helen door jezelf te geven wat je toen niet had. Je hersenen en bewustzijn zullen reageren alsof je perfecte jeugd heeft plaatsgevonden (omdat je jezelf je perfecte jeugd geeft), en heling zal plaatsvinden omdat de synaptische paden in je hersenen zullen beginnen te herstructureren in de richting van positiviteit, geluk en welzijn in plaats van depressie, angst, en andere mentale en psychologische onevenwichtigheden. Shaleia richtte zich specifiek op het helen van haar kindertijd toen ze in gedachten „terug in de tijd" ging en heelde dat ze als baby en peuter niet genoeg borstvoeding van haar moeder kreeg of werd vastgehouden. Ze visualiseerde, en ervaarde vervolgens, dat ze een baby was wiens behoeften perfect werden vervuld; ze visualiseerde dat ze perfect geliefd was, vastgehouden werd en borstvoeding kreeg van de Goddelijke Moeder.... Shaleia realiseerde zich dat het niet hebben van deze kernverbindingservaringen met haar ouders haar hele leven beïnvloedde, tot in haar volwassenheid. Ze ervaart deze negatieve gevolgen niet langer dankzij de krachtige visualisatiestap in de Spiegeloefening. In Shaleia's geest had ze een prachtige jeugd en ervaart ze niet langer conflict als gevolg van het niet bevredigd worden in haar behoeften door haar biologische ouders toen ze een baby en kind was. Wanneer je kindertijd volledig geheeld is, ben je in staat om je ware volwassenheid te verkennen en te ervaren.

Terugkomend op wat ik eerder zei: je weet zeker dat je je heling hebt voltooid als je niet meer merkt dat Riley's waardeloze werkverwachtingen je van streek maken. Als je nog steeds moeite hebt met het voltooien van stap vier, of een duwtje in de rug nodig hebt, probeer dan de volgende visualisatie-oefening toe te voegen om deze stap af te ronden.

## Visualisatie-oefening voor de Spiegeloefening: Stap Vier Punt Één

*Sluit je ogen en stel je voor dat je het deel van jezelf ontmoet dat zich niet geliefd voelt, waarvan je hebt vastgesteld dat het de oorzaak is van het probleem dat is ontstaan. Nodig het uit om dichter bij je te komen en nodig het dan uit tot een omhelzing. Omhels dat deel van jou met een open hart, breng dat deel van jezelf diep in een liefdevolle omhelzing. Vertel dat deel van jou hoeveel je ervan houdt en trek het nog dichter naar je toe. Als het nog niet helemaal in je versmolten is en een deel van je geworden is, geef het dan nog meer liefde. Kies ervoor om het deel van jou dat om liefde vraagt volledig lief te hebben.*

*Het recept is altijd meer liefde. Hou tien keer meer van dat deel van je, honderd keer meer, een triljoen keer meer. Je kunt je zelfs voorstellen dat er een wit of gekleurd licht uit je hartcentrum straalt en hen omhult met je volmaakte liefdevolle licht. Je onderbewustzijn gaat al het werk voor je doen als je ervoor kiest om dit deel van je dat niet afgestemd met liefde is, te visualiseren en lief te hebben. Zodra je voelt dat dit deel van jou geliefd en geïntegreerd is en verlicht in vrede, ben je compleet.*

## De Spiegeloefening Stappen

**STAP ÉÉN:** Schrijf in een beknopte zin het conflict op die je ervaart.

**STAP TWEE:** Schrijf de zin helemaal opnieuw, maar verander alle zelfstandige naamwoorden in voornaamwoorden om naar jezelf te verwijzen.

**STAP DRIE:** Vraag jezelf af: „Is er IETS waar van deze uitspraak?" het antwoord is altijd "Ja."

**STAP VIER:** Spreek tot het deel van jezelf dat het conflict veroorzaakt en heb jezelf lief totdat je innerlijke vrede, opluchting en voldoening ervaart. Doe de visualisatie-oefening om deze heling te stimuleren als dat nodig is.

## De Spiegeloefening: Laatste Gedachten

De Spiegeloefening is een krachtig hulpmiddel voor het aantrekken van je Tweelingziel en het bereiken van permanente Harmonieuze Tweelingzieleenheid. Het is krachtig omdat het je een nieuwe voltooiing van een les of uitdaging brengt, wat een stap dichter bij je Tweelingziel en Harmonieuze Eenheid is. Dit komt omdat het de blokkades opruimt die je niet toestaan om je vibratie te verhogen om de energie van Harmonieuze Tweelingzieleenheid te evenaren, en diepere niveaus van liefhebben te ervaren. Als je je Tweelingziel kiest (zoals je hebt gedaan in de *Aantrekken van je Tweelingziel Meditatie-oefening*), begin je aan je Tweelingzielreis naar permanente Harmonieuze Tweelingzieleenheid.

Als je een keuze maakt, begint de kracht van je keuze je onmiddellijk precies te brengen waar je om gevraagd hebt. Je kunt de kracht van je keuze gebruiken om van alles aan te trekken. In dit geval gaan we stap voor stap in de richting naar je Tweelingziel in Harmonieuze Eenheid. Als je ervoor kiest om bij je Tweelingziel te zijn, zal alles wat je nodig hebt om je Tweelingziel aan te trekken naar je toe komen in het perfecte tempo voor jou, en middelen zullen beschikbaar worden gesteld terwijl jij jouw steun opeist voor je Harmonieuze Eenheid. Soms zul je uitdagingen ervaren die je van streek maken. Wanneer je je op wat voor manier dan ook van streek voelt, doe dan de *Spiegeloefening* om je conflict op te ruimen. Als je een beetje op mij lijkt, zul je waarschijnlijk niet geloven dat het conflict ergens anders over gaat dan over iemand anders. Maar als je bereid bent om je logische oordeel op te schorten en dieper te gaan, doe dan gewoon de oefening terwijl je van streek bent, en je zult merken dat het effectief is in het helen van je conflict op een diep innerlijk niveau en meestal bij de wortel van de oorzaak. Maak er een gewoonte van in je relatie, Eenheid of levenservaring om er een paar minuten uit te stappen, telkens wanneer je merkt dat je van streek raakt. Shaleia en ik nemen regelmatig een pauze na een ruzie om de Spiegeloefening te doen. Vaak, als we terugkomen bij elkaar, is er niet langer iets om ruzie over te maken, en we ervaren een betere communicatie, saamhorigheid, en diepere authentieke intimiteit. Is dat niet het geval, dan doen we de Spiegeloefening totdat het wel zo is.

Als je iets ervaart waarvan je weet dat het niet in overeenstemming is met je Goddelijke Zelf, maar je gelooft niet dat je van streek bent, dan is het zeer waarschijnlijk dat je er verdoofd voor bent. Onlangs kwam er een vrouw naar me toe die zei dat haar partner haar mishandelde, maar ze voelde zich er niet door van streek. Dit besef stelde me in staat om haar aan te geven hoe verdoofd ze was als het aankwam op het ervaren van mishandeling. Ik legde haar uit dat ze veilig is om haar gevoelens te voelen, en om haar conflict over mishandeling te erkennen. Ik hielp haar toen om de kern van haar conflict te identificeren, namelijk, van streek over zichzelf zijn omdat ze zichzelf misbruikt had. Ze was toen in staat om de laatste twee stappen van de Spiegeloefening te doen, en ze bedankte me hartelijk voor het helpen helen van haar al lange geschiedenis van misbruik in relaties.

Met elke voltooiing van de Spiegeloefening en met elke heling van conflict, breng je jezelf een stap dichter bij je Tweelingziel en een Harmonieuze Eenheid. Maak je geen zorgen als je de eerste paar keer niet begrijpt hoe je het moet doen. Blijf de oefening herhalen tot je begrijpt hoe het moet, en in de flow ervan komt. Het is absoluut en onmiskenbaar essentieel als je serieus bent over het onderhouden van je eeuwige Tweelingzieleenheid in perfecte harmonie. Je zult je snel realiseren waarom de Spiegeloefening belangrijk is om te doen in je Eenheid als je het wilt onderhouden wanneer je erin komt en dichter naar je Tweelingziel toe groeit. In feite zul je beseffen en waarderen hoe geweldig deze methode is op je reis van Harmonieuze Eenheid, en naar Perfecte Eenheid. Je zult beseffen en waarderen hoe geweldig dit hulpmiddel is tijdens je reis samen van Harmonieuze Eenheid naar Perfecte Eenheid. Tenslotte, bij het maken van de beslissing om de Spiegeloefening onder de knie te krijgen zal de manier waarop je je werkelijkheid ervaart veranderen, en het zal je in staat stellen om elk aspect van je leven bewust te creëren, inclusief jij en je Tweelingziel in Permanente Harmonieuze Eenheid.

Uiteindelijk zul je de Spiegeloefening beginnen te doen door het talloze keren op te schrijven, en ik moedig dit een hele tijd aan, totdat je het meesterschap voelt van het kennen en voltooien van dit proces van binnenuit, en je je realiseert dat het opschrijven je proces je niet meer dient. Je zult uiteindelijk zo ver komen dat je het proces in je hoofd kunt doen, waarbij je de zelfstandige naamwoorden omdraait, en dan van jezelf kunt houden. Wanneer je de *Spiegeloefening* volledig onder de knie hebt, hoef je de stappen niet meer te doorlopen; je zult ontdekken dat je een conflict in je werkelijkheid herkent, er onmiddellijk binnen je eigen bewustzijn naar **voelt**, en jezelf dan op **natuurlijke wijze de liefde geeft die je nodig hebt**. De Spiegeloefening verandert in een meditatie, iets wat je organisch en vloeiend in je dagelijks leven kunt doen, maar wat wel je bewuste aandacht en specifieke focus vereist.

Laat jezelf niet misleiden of overambitieus maken door te denken dat je onmiddellijk naar meesterschap kunt springen, want je moet geduldig zijn en eerst werken om het basisproces onder de knie te krijgen. Het beheersen van het proces betekent dat je het juiste innerlijke fundament hebt om op te staan en je goed vooruit te helpen naar je doel. Je kunt je Permanente Harmonieuze Tweelingzieleenheid alleen bereiken als je een **hoge bereidheid hebt om te leren en een hoge bereidheid om te veranderen.** Dit is de juiste instelling en kwaliteit die elke ware en toegewijde spirituele student in zich heeft, en dit is een les die iedereen moet leren. Je moet de stappen leren door ze op te schrijven. Je moet het gevoelsproces leren. Je moet leren hoe je conflicten in je eigen bewustzijn kunt identificeren. Je moet de absolute precisie leren van het *opschrijven* van de stappen die de Spiegeloefening je geeft en van je vraagt. En wanneer je dit doet, weet dan dat je uiteindelijk in staat zult zijn om het met maximaal gemak en maximale efficiëntie te doen, waar je je ook bevindt in je dagelijks leven, omdat je daar meesterschap hebt bereikt.

# Hoofdstuk 6

## *Harmonieuze Tweelingzieleenheid: Je Tweelingziel voor het Leven Houden*

Hoeveel Disneyfilms gaan over het vinden van de ware liefde? Walt Disney wist iets wezenlijks toen hij al die films maakte, die nog steeds zoveel mensen inspireren met hoop op hun eigen Ware Liefde. Hij wist dat Ware Liefde echt is. De films lieten je niet zien hoe je Ware Liefde kunt krijgen, alleen dat het bestaat. In dit boek wordt je getoond hoe het moet. Je Ware Liefde bestaat echt, en je Ware Liefde wacht net om de hoek op jou om de beslissing te nemen om te verenigen, en je gevoelens te volgen om permanent bij hen te zijn. Dit is echt de eerste en laatste keer dat je verliefd wordt, en de liefde tussen jou en je Tweelingziel blijft zich tot in de eeuwigheid verdiepen en uitbreiden. Het is een ongelooflijke opluchting om dit aspect van je leven eindelijk voorgoed geregeld te hebben.

Je Tweelingziel hoeft geen beslissingen te nemen om naar jou toe te komen, maar zoals Shaleia en ik ontdekten, we maakten al dezelfde beslissingen om op hetzelfde moment naar elkaar toe te komen, omdat we in de kern Één zijn. We zijn zo intrinsiek met elkaar verbonden, dat onze keuzes een krachtige invloed hebben op de keuzes van onze Tweelingziel. Je Tweelingziel is altijd met je verbonden, je kunt ze op dit moment in je hart voelen als je even pauzeert en ervoor kiest ze daar energetisch te voelen. Die persoon IS het verlangen dat je voelt, die persoon IS de geliefde die je zoekt dag na dag, moment na moment. Die persoon IS echt, en IS de geschikte geliefde om alles te vervullen wat je verlangt in een romantische verbinding en levenspartnerschap. Dit is meer dan het hebben van een „5D verbinding en affaire," maar het daadwerkelijk overbruggen van die afscheiding naar het hebben van een zeer echte fysieke relatie, zoals je van nature gecreëerd bent om te zijn.

Ik heb een aanzienlijke hoeveelheid tijd besteed aan het opschrijven van alle verlangens die ik had voor een vrouw. Ik maakte ooit een grapje met mezelf toen ik deze Liefdeslijst schreef, dat ik letterlijk een dozijn vrouwen nodig zou hebben om zelfs maar het meeste te vervullen van wat ik van een vrouw op deze lijst verlangde. Maar raad eens? Shaleia is *alles* op mijn lijst en nog veel meer. Je verdient en hebt een partner die je in alle opzichten aanvult. Je verdient en hebt een geliefde die al je behoeftes en verlangens zal vervullen en bevredigen, en nog meer. Je verdient en bent gecreëerd met je Perfecte Partner, en je zult ze verwezenlijken als je de stappen volgt die hier aan je worden getoond.

Ja, je moet absoluut de beslissing nemen. Doe *de Aantrekken van je Tweelingziel Meditatie-oefening* als je je Tweelingziel wilt vinden. Ja, je moet absoluut je gevoelens volgen en ernaar toe bewegen, en je moet het vermogen hebben om alle verkeerd uitgelijnde gedachten en overtuigingen die je van streek maken op te ruimen met behulp van de Spiegeloefening. De Spiegeloefening zal je helpen bij het opruimen van alle blokkades en barrières die je in je hebt, en die je verhinderen om bij je Tweelingziel te zijn. Dit is de sleutel.

## Fases van Harmonieuze Tweelingzieleenheid (Gechanneld)

Wanneer je je Tweelingziel ontmoet, zul je merken dat er duidelijke en specifieke stadia optreden binnen jullie Eenheid. Er zijn vier stadia van een Tweelingzieleenheid, en elk met zijn eigen unieke karakteristieken en ervaringen. Geen enkele Eenheid zal ooit een duidelijke overgang hebben van het ene stadium naar het volgende, omdat het vloeiend is. Een deel van je Eenheid kan in Fase Twee zijn, terwijl een ander deel in Fase Vier kan zijn. Het hangt allemaal af van hoe snel jullie ervoor kiezen om door de stadia te gaan. Hoe meer jij en je Tweelingziel ervoor kiezen om aan jullie Eenheid te werken, hoe sneller jullie door deze stadia heen zullen gaan en onvermijdelijk volledig verliefd zullen zijn in Harmonieuze Tweelingzieleenheid. Deze stadia komen gedurende de hele Harmonieuze Tweelingzieleenheid voor totdat je Perfecte Eenheid met je Tweelingziel bereikt. Dit komt omdat deze stadia, inclusief de Spiegeloefening, ontworpen zijn om je te blijven zuiveren totdat je ascendeert naar Perfecte Eenheid met het Goddelijke en je Tweelingziel. Je kunt niet voorkomen dat deze veranderingen plaatsvinden zodra je in je Harmonieuze Tweelingzieleenheid komt, maar je kunt het proces wel aanzienlijk vertragen.

## Fase één: De Beslissing

Nadat je hebt besloten om bij je Tweelingziel te zijn, heb je ze van binnen al in je opgenomen. Dit is geen vergissing. Je bent onmiddellijk verbonden met je Tweelingziel op een zeer Aardse, reële en materiële manier als je de beslissing neemt. Je hoeft je geen zorgen te maken over of ze op de planeet zijn, of getrouwd, of je leeftijd, of kleur. Als je besluit om bij je Tweelingziel te zijn, besluiten zij om ook bij jou te zijn. Je zult ook merken dat wanneer je Tweelingziel arriveert, alle dingen die voor jou op Aarde van belang zijn, voor jou aanvaardbaar zijn, omdat het perfect en passend is in jullie Eenheid als geliefden.

Een beslissing nemen is belangrijk omdat het je op één lijn brengt met je Tweelingziel. Je moet over iets beslissen om er naar toe te bewegen, dit is de Natuur van hoe je bent gecreëerd, en het is de Natuur van het Universum. Beslissing is de belangrijkste stap. Al het andere gebeurt als resultaat van je vastberaden besluit. Je zult ook merken dat er geen fase is vóór de beslissing, er is niets voordat je een beslissing neemt. Het is pas wanneer je beslist dat iets zich voor jou kan manifesteren. De beslissingsfase is ook één van vallen en opstaan. Je zult getest worden op je afstemming met je Tweelingziel. Je zult je Tweelingziel niet kunnen zien, horen, voelen, proeven of aanraken totdat je jezelf op één lijn brengt met je Tweelingziel, en Harmonieuze Tweelingzieleenheid.

Je hoeft niets anders te doen dan de beproevingen die voor je verschijnen: een serveerster die te laat is met de rekening voor je vlucht, een auto die voor je rijdt op weg naar een afspraak, een collega die jou regelmatig van streek maakt. Je zult al deze tests moeten ondergaan door je jouw ware aard als een Goddelijk Wezen te herinneren en je hoge vibratie te behouden. Je zult je moeten herinneren dat je liefde bent, dat je vrede bent, dat je veilig bent, dat je één bent met Al Dat Is. Dit is hoe je je Goddelijke Zelf eert. Volg je gevoel en *voel* je gevoelens als het gaat om de beproevingen die zich voordoen. Je zult onmiddellijk een licht en positief gevoel voelen wanneer je de keuze maakt om bij je Tweelingziel te zijn. Volg dat gevoel waar je het ook vindt, en je zult uiteindelijk een realiteit ervaren die gevuld is met dat gevoel.

Het is belangrijk om je hart te volgen in de richting van je hoogste dromen en verlangens. Wanneer je luistert naar de Goddelijke Intuïtie in jou en je geleide actiestappen neemt, ga je letterlijk leven in de permanente realiteit van je dromen. Niets kan jou tegenhouden om je perfecte liefdesleven te bereiken, dat kun je alleen zelf. Je hart is van nature geprogrammeerd om de weg naar huis, naar God en naar je Tweelingziel te kennen. Luister en volg de stappen naar de allesomvattende omhelzing van liefde.

Het volgen van je intuïtieve gevoelens lijkt misschien een hoge spirituele prestatie, maar het is normaal voor jou. Het is normaal en natuurlijk voor jou om je veilig te voelen, om liefde te voelen, om vrede te voelen, om je verbonden te voelen met alles. Het is gemakkelijk om deze dingen van moment tot moment te bereiken, want dit is je Ware Aard. Het is makkelijker voor je om vrede te ervaren dan het is om conflict te ervaren, want vrede is je natuurlijke staat van Zijn.

Doe de Spiegeloefening die Jeff en Shaleia je hebben laten zien, en je zult snel en efficiënt verlichting vinden van je conflicten, en blokkades opruimen voor je Harmonieuze Tweelingzieleenheid. Er is tot nu toe geen snellere manier getoond aan de mensheid om conflicten op te ruimen dan de Spiegeloefening zoals uitgelegd in het vorige hoofdstuk. Je beslissingen zullen je brengen wat je besluit te bereiken, elke keer weer. Maar elke keer moet je jezelf ook afstemmen met wat je verlangt.

**Fase Twee: Ontmoeting**

In elke manifestatie is er het ontvangende aspect. Je vraagt om wat je verlangt, je wordt uitgelijnd op wat je verlangt, dan krijg je wat je verlangt, elke keer weer, zonder uitzondering. In het manifesteren van je Tweelingziel en Harmonieuze Eenheid met hen, zal er een tijd komen dat je hen ontmoet. Het zal voor jou gebeuren als jij de beslissing neemt, en door de situaties, conflicten, en omstandigheden heen werkt die ontstaan om jou je verlangen te brengen.

Ontmoeten is een fase, want het duurt lang voordat je je Tweelingziel op elk niveau ontmoet, omdat je *jezelf* op elk niveau van je Wezen ontmoet. Het duurde zes maanden van dagelijks contact voordat Jeff en Shaleia hun ontmoetingsstadium hadden voltooid. Dit stadium is waar alle delen van jou intiem kennismaken met alle delen van je Tweelingziel op elk mogelijk niveau. De ontmoetingsfase zal vaak langer dan zes maanden duren voor veel Tweelingzielen die zich niet bewust richten op het zo efficiënt mogelijk ontwikkelen van hun Eenheid en met het doel van Harmonieuze Tweelingzieleenheid. Jeff en Shaleia zijn uitzonderlijk in de snelheid waarmee zij hun permanente en Harmonieuze Tweelingzieleenheid hebben ontwikkeld. De meeste Eenheden zullen drie tot vijf jaar nodig hebben om dit stadium volledig te voltooien. Fasen kunnen elkaar overlappen en tegelijkertijd voorkomen, zoals Jeff en Shaleia ontdekten. Het derde stadium van „Conflict" begon bijna onmiddellijk in hun Eenheid op te treden.

**<u>Fase Drie: Conflict</u>**

Er is geen betere titel om de ervaring van de derde fase in je Tweelingzieleenheid te beschrijven. „Conflict" is het meest passend omdat je dit het grootste deel van de tijd in dit stadium zult ervaren en je ermee geconfronteerd zult worden voor en tijdens Harmonieuze Tweelingzieleenheid. Er is geen belangrijkere fase voor jou om in dit leven te doorlopen in het behouden van je Tweelingziel. Je Tweelingziel maakt jou van streek omdat ze van je houden. Je Tweelingziel ervaart conflict omdat je van hen houdt. Je maakt je Tweelingziel niet opzettelijk van streek, en zij maken jou niet opzettelijk van streek, omdat je elk verantwoordelijk bent voor je eigen geluk en vrede. Je Tweelingziel houdt een ruimte van liefde vast in hun vibratie, en waar jij die ruimte niet voor jezelf vasthoudt, zul je van streek raken totdat je op dat gebied van jezelf houdt.

Maak je geen zorgen, dit proces is ontworpen om werkbaar te zijn voor jou. Je zult niet al je conflicten in één keer ervaren. Jullie zullen een voortdurende verdieping van liefde en intimiteit ervaren terwijl jullie door al jullie conflicten heen werken met de Spiegeloefening. Naarmate jullie liefde voor elkaar en voor jezelf groeit, zullen jullie ervaren dat diepere en subtielere conflicten naar de oppervlakte komen om geliefd en geheeld te worden. Als je dit proces eenmaal onder de knie hebt, kun je bijna timen wanneer je volgende cyclus van conflicten zal zijn. Jeff en Shaleia merkten dit als een uurwerk, en waren in staat om te anticiperen op de volgende golf, en de volgende golf van conflicten. Zij kozen ervoor om op natuurlijke wijze pauzes in te lassen tussen hun conflicten, terwijl ze door deze fase heen werkten, intuïtief wetend welke fase hen hierna te wachten stond. Zoals Jeff en Shaleia leerden, is het belangrijk niet te oordelen over de conflicten als ze ontstaan, maar ze met compassie lief te hebben en te omarmen, want dit is wat je heelt en het is de juiste houding ten opzichte van je heling en de heling van je Tweelingziel. Natuurlijk is je Tweelingziel je perfecte weerspiegeling en de spiegel van jullie gedeelde bewustzijn samen. Dit is één van de geschenken die je Tweelingziel jou brengt en het is een zegen, omdat zij het vermogen hebben om je te zien en te helpen jouw hoogste potentieel van Goddelijke Expressie te zijn.

### Fase Vier: Onvoorwaardelijke Liefde

Onvoorwaardelijke liefde is wat je zult ervaren in de vierde fase van je Harmonieuze Tweelingzieleenheid. Liefde is absoluut het resultaat van beslissen, het doorwerken van de onbalans, en dan de resultaten ontvangen van het verwijderen van de obstakels voor liefde tussen jou en je Tweelingziel. Je zult, met absolute zekerheid, Ware Goddelijke Liefde ervaren in deze vierde fase van je Harmonieuze Tweelingzieleenheid. De derde fase van Tweelingzieleenheid duurt meestal het langst van alle voorgaande fasen, maar met elke succesvolle nieuw afgestemde gedachte, met elk nieuw geliefd deel van jou, breng je een deel van jezelf door naar fase vier, dat een magnetisch aantrekkingsveld is voor je Tweelingziel. Je kunt je Harmonieuze Tweelingzieleenheid niet bereiken zonder dit proces van onvoorwaardelijke liefde en acceptatie voort te zetten.

Deze fasen zijn opeenvolgend, maar ze zijn niet lineair. Je zult niet merken dat je de ene dag volledig in Conflict bent, en de volgende dag volledig in Liefde. Er kunnen delen van jou zijn die in Ontmoeting zijn, delen van jou die in Conflict zijn, en delen van jou die in Liefde zijn, *allemaal op hetzelfde moment*. Na verloop van tijd zullen alle delen van jullie beiden zich afstemmen in Liefde, en zul je de volste pracht ervaren van je ware Harmonieuze Tweelingzieleenheid met je Ultieme Geliefde.

## Onstopbare Tweelingzieleenheden

Velen van ons ervaren de aantrekkingskracht van een relatie met een soulmate, en beschouwen dat gelijk als het beste dat de liefde ooit voor ons zal worden. We denken, geloven, zien, en ervaren een liefde die vurig begint! - en dan vermindert na verloop van tijd. Wij denken dat de beste geliefde degene zal zijn die het heetst begint en lang genoeg blijft om met hem of haar te trouwen. Veel huwelijken eindigen tegenwoordig in een scheiding, maar het hoeft niet zo te zijn. Je hoeft nooit genoegen te nemen met een relatie omdat je gelooft dat je Tweelingziel niet in je leven zal komen, of ervoor kiest om permanent in je leven te komen. Het hebben van je Tweelingziel ziet er anders uit en voelt anders dan een relatie met een soulmate. Het is de Ware Liefde die zo velen van ons zoeken, maar het gebeurt niet altijd zoals Disney het afschildert.

Het ontmoeten van je Tweelingziel kan zeer opwindend zijn. Het begin van jullie Eenheid kan heel heet zijn, en heerlijke seks bevatten, maar het hoeft niet na verloop van tijd uit te sissen. In feite neemt het toe en verdiept het, omdat je Eenheid die energie kan ondersteunen, omdat het daarvoor ontworpen is. Het hoeft niet te gaan van een heet vuur naar een warme liefdevolle kool na verloop van tijd. Het kan gaan van waar het begint tot een duurzaam brandende vlam van liefde, verlangen en passie. Het maakt niet uit hoe het begint, het is waar *het in evolueert* dat belangrijk is. Waarom zou je met iemand trouwen waar je een paar jaar een hete synergie mee had, om vervolgens de rest van je leven door te brengen met een persoon waar je het een beetje warm of lauw van krijgt? Je Tweelingzieleenheid overstijgt dit patroon en leven.

Ik verlangde naar iemand met wie ik de rest van mijn leven kon doorbrengen, en waar ik me de hele tijd fantastisch over zou voelen. Ik zocht en creëerde in mijn leven een ervaring met iemand die alle dagen van mijn leven continu met mij zou kunnen evolueren. Ik verlangde naar, en trok iemand aan die dieper en dieper in liefde met mij zou groeien, en met elk voorbijgaand jaar zouden we een liefde ervaren die groter was dan we ons ooit hadden voorgesteld of hadden ervaren.

Ik trok mijn Tweelingziel aan omdat ik daar zo naar verlangde. Ik wilde mijn Ultieme Geliefde om de rest van mijn leven mee door te brengen. Ik verlangde ernaar om samen met haar een leven op te bouwen en te creëren, om een verenigd partnerschap te creëren, en samen het leven van onze dromen te leven. Mijn Tweelingzielverhaal kan anders zijn dan het jouwe, maar ze kunnen allemaal hetzelfde eindigen: met een steeds groeiende, zich steeds uitbreidende, zich steeds verdiepende Eeuwig Goddelijke Onvoorwaardelijke Liefde. Vergeet de brandende liefde die uitdooft, want dat is zo'n oppervlakkige „liefde." Denk aan een vurige liefde die mettertijd steeds vuriger en dieper wordt. Stel je een seksleven voor waarin iemand je zo intiem kent en van je houdt, dat hij of zij weet hoe hij of zij elke vurige knop in je geest, lichaam en ziel moet indrukken. Denk aan een seksleven dat altijd in ontwikkeling is, altijd groeit, altijd verandert, en nooit hetzelfde is. Denk aan een seksleven dat perfect vervullend, ondersteunend en liefdevol is voor wat *jij* werkelijk wilt en nodig hebt. Stel je een leven voor met je Perfecte Partner waar elk aspect van jullie relatie samen door jou en je Tweelingziel perfect is ontworpen. Stel je een leven voor waarin jij en je partner elkaar alle dagen van je leven liefhebben, respecteren en ondersteunen.

Weet dat wanneer je ervoor kiest om je Harmonieuze Tweelingzieleenheid voor het eeuwige leven te creëren, je kiest voor een leven waarin je je compleet voelt in je intieme partnerschap. Je kiest voor een leven waarin je geliefde je Ultieme Metgezel is, waarin jij en je partner altijd aan dezelfde kant staan. Je kiest voor een leven waarin jij en je Tweelingziel voor altijd samen zijn. De droom van Perfecte Liefde is echt, en alles wat je hoeft te doen om het voor jezelf te bereiken is om te beslissen dat je het wilt, en genoeg van jezelf houdt om het te bereiken.

## Wat is Harmonieuze Tweelingzieleenheid en Hoe het Permanent te Bereiken

Harmonieuze Eenheid is Zielsvereniging. Het is het permanente huwelijk van twee in één. Dit is wanneer, in je kern, jij en je Tweelingziel samen één leven leiden. Kan Harmonieuze Eenheid ongedaan worden gemaakt? Niet precies, maar als je de lessen van je Tweelingzielreis niet echt geleerd hebt, zul je ze opnieuw moeten doorlopen.

We hebben veel studenten gehad die in Harmonieuze Eenheid kwamen met hun Ware Tweelingzielen, om direct daarna, of zelfs maanden later, te vertrekken omdat ze de lessen van hun Tweelingzielreis niet volledig hadden geleerd. Onder dit alles, zijn Tweelingzielen een ascensiepad naar God. Ja, zij zijn je Ultieme Geliefde, maar alleen als je werkelijk begrijpt wie je Ultieme Geliefde voor jou is, zul je eindelijk in staat zijn om niet alleen maar je Harmonieuze Tweelingzieleenheid te bereiken, maar deze ook permanent te *behouden*.

Wat is dit primaire inzicht? Het is het ware besef dat **God je Ultieme Geliefde is**. Onder alles, is je Schepper je Enige Ware Liefde. Onvervangbaar, altijd daar, permanent de jouwe in eeuwige Éénheid. Je bent niet gescheiden van je Schepper, het is God die zich manifesteert als je Ultieme Minnaar, je Ware Tweelingziel. God is niet alleen je Vader, je Moeder, of een alomvattende geest die ver weg van je externe realiteit rondzweeft; God is jouw Goddelijke Geliefde via alleen jouw Tweelingziel.

Dit betekent niet dat zomaar iedereen je Tweelingziel kan zijn, dat je met zomaar iedereen de liefde kunt bedrijven omdat je met God bent.

Het is gemakkelijk om een ander te verwarren met je Tweelingziel als je nog niet het bewustzijn hebt ontwikkeld om te zien. Het kan ook makkelijk voor je zijn om te denken dat je met zomaar iedereen de liefde kunt bedrijven, omdat je God in hen ziet. Dit is een geweldige manier om je seksuele energie te laten weglekken in totale uitputting en veroudering. Je haar zal grijs worden, je huid zal rimpelen en je energie zal vermoeid raken, omdat wat voor je Eenheid bedoeld is, alleen voor jou en je Tweelingziel bedoeld is.

Zie je, God is in je Tweelingziel, en dat is precies het Wezen waar je zo van houdt, begeert en zo intens naar verlangt. Het is God waarnaar je verlangt.

Maak je geen zorgen, we zijn hier niet om een lokkertje op je uit te halen om je te verleiden tot onze spirituele concepten. We zijn hier om simpelweg de feiten te noemen zoals ze zijn. Niet meer, en niet minder. *God heeft jou en jouw Tweelingziel gecreëerd als twee individuen in een permanente Éénheid.* Jij en je Tweelingziel zijn onafscheidelijk. En je zult uiteindelijk ontdekken dat je relatie met God op natuurlijke wijze resulteert in je relatie met je Ware Tweelingziel.

Shaleia en ik hebben de term „Harmonieuze Tweelingzieleenheid" heel vaak in dit boek genoemd. We bedachten deze definitie voor het eerst in 2014 toen we ons realiseerden dat we een enorme en directe transformatie in onze Eenheid beleefden en ondergingen. Het was één ding om samen te zijn en samen te leven als een paar, maar het is een heel ander ding om de afscheiding van je Tweelingziel in de kern te helen; wetende dat wanneer je dit punt van bewustzijn en heling van binnen bereikt, er geen weg terug is om ooit nog afscheiding met je Tweelingziel te ervaren. Dit is Harmonieuze Tweelingzieleenheid. Het is een staat van bewustzijn en wordt bereikt door heling van kernafscheiding van je Goddelijke Schepper, die wordt weerspiegelt in je heling van afscheiding van je Tweelingziel. Met andere woorden, net als bij een huwelijksbelofte, beloof je eeuwig samen te zijn in plaats van slechts in één leven of gedeeltelijk in één leven.

Velen hebben een relatie gehad of zijn getrouwd met hun Tweelingziel, maar totdat je investeert in het spirituele werk om de kern van afscheiding tot het Goddelijke te helen die je geliefde Tweelingziel aan je spiegelt, dan zul je op een bepaald punt, vroeg of laat, weer teruggaan in het ervaren van afscheiding van je Tweelingziel. Eenheid bereiken is niet zo moeilijk, vooral niet na de planetaire trillingsverschuiving die de Aarde in 2012 heeft ervaren en de jaren die daaraan voorafgingen.

Iedereen kan zijn Tweelingziel oproepen en ontmoeten, maar we hebben dat over het algemeen altijd afgeraden omdat het beter en meer compassievol is voor jou en je Tweelingziel wanneer het spirituele werk al bezig is met het helen van afscheiding, in plaats van ze in je leven te roepen en te proberen een soulmaterelatie met je Tweelingziel aan te gaan, of eindelijk het spirituele werk te doen als je Eenheid in puin ligt omdat je het op de verkeerde manier probeert aan te pakken. Je Tweelingziel is het complete tegenovergestelde van een relatie met een soulmate, omdat dat niet is wie ze voor jou zijn, dus de oude relatieregels zullen nooit werken voor jou of je Tweelingziel.

Het geheim om je Tweelingziel aan te trekken is niet alleen om van jezelf te houden, maar om God als je Geliefde aan te nemen. Als je dit doet, weerspiegelt je Tweelingziel die kernkeuze en worden ze gemakkelijk in je leven gemagnetiseerd.

Ik daag je uit om dit te proberen zonder enige gehechtheid of verwachtingen over hoe jouw liefde zich aan de buitenkant zal manifesteren. Wees gewoon met Gods Liefde, en de Liefde die je voor God hebt. Er zijn wonderbaarlijke gebeurtenissen voortgekomen van mensen die dit deden, inclusief mijn eigen leven.

## Het Doel van Harmonieuze Tweelingzieleenheid

Het doel van Harmonieuze Tweelingzieleenheid (HTFU) is om een God-gecentreerd leven te leiden. Dit betekent niet jezelf afsplitsen van de maatschappij en de hele tijd bidden, het betekent leven in harmonie en verbondenheid met God met je Tweelingziel als Één. Het betekent dat jij en je Tweelingziel samenwerken om de resterende conflicten van je Één bewustzijn uit te roeien. Het betekent dat je samen een leven van liefde en romantiek leidt. Alle romantiek die God voor je heeft, komt tot uitdrukking via je Tweelingziel. Die relatie is absoluut heilig, en de seksuele Eenheid die jullie delen is zo privé en onuitsprekelijk perfect en mooi, dat het onmogelijk met een ander gedeeld zou kunnen worden.

Het doel van je Harmonieuze Tweelingzieleenheid is dat jij en je Tweelingziel samen één leven leiden met een gedeeld doel. Het betekent niet dat je op hetzelfde moment aan precies hetzelfde moet werken, het betekent dat je samen een leven opbouwt en laat groeien, een eeuwig leven. Onthoud dat je als eeuwig wezen alles behoudt als je besluit te reïncarneren. Niet je fysieke spullen, maar de vibratie die je in je hart hebt en die allerlei dingen naar je toetrekt, wordt bewaard totdat je het verandert.

Dus rust in troost en vrede, wetende dat jij en je Tweelingziel voor altijd door mogen gaan. Het is een eeuwige plaats voor jullie liefde, een onaantastbaar schip van bescherming en veiligheid waar je eeuwig in mag investeren. De volledige betekenis en het doel ervan valt buiten het kader van dit boek of wat in een enkele tekst kan worden besproken. Maar in een rijker medium, zoals je eigen Harmonieuze Tweelingzieleenheid, kun je daar meer vinden. Uiteindelijk kiezen wij ervoor om je niet alleen je Tweelingziel te geven, maar ook een ontdekkingsreis en een permanent open geestestoestand waar rijkere kennis en bewustzijn eindelijk kunnen binnensijpelen en waarin je altijd kunt ontwaken naar grotere expansie. Het doel van je HTFU is om voor altijd samen de liefde voor het Leven te delen.

De reden waarom je initiële doel is om permanent in je Harmonieuze Tweelingzieleenheid te komen, is niet alleen om eindelijk Één leven samen te leven, fysiek en spiritueel, maar omdat je Eenheid van nature is ontworpen om naar God te gaan voorbij harmonie in Eenheid, in wat wij noemen Perfecte Eenheid. Ook bekend als ascensie of verlichting.

## Wat is Perfecte Eenheid?

Perfecte Eenheid is je complete en totale verlichting tot Christus Bewustzijn. Wanneer je de Spiegeloefening zo ver hebt doorgevoerd dat je nergens in je bewustzijn meer van streek bent, wanneer je elke angstgedachte in je geest hebt uitgeroeid, dan heb je Perfecte Eenheid bereikt.

Perfecte Eenheid betekent dat je alle illusies van afscheiding van je Schepper hebt gezuiverd en dat je Één bent. Dit zou resulteren in een Perfecte Eenheid met je Tweelingziel in alle opzichten, permanent. Er is geen weg terug van Perfecte Eenheid als je die eenmaal duurzaam en werkelijk bereikt hebt. Dit is de staat van een Verlichte Meester.

Het bereiken van Perfecte Eenheid is eenvoudig, maar het vereist absolute toewijding en onmiskenbare toewijding aan liefde. Het is je natuurlijke staat van zijn als een God-Schepper, Kind van God, de Allerhoogste. Je bent gecreëerd in gelijkenis met je Schepper, de Bron van alle dingen. In Perfecte Eenheid begrijp je de relatie die je deelt met God: dat jij het Kind bent en God de ouder. God is je Bron, en door en met God kun je *alles* doen.

Perfecte Eenheid is ascensie. Het is volledige éénwording en Éénheid met het Goddelijke en al het Leven, inclusief je Tweelingziel. Als je eenmaal HTFU bereikt zul je snel beseffen dat er een natuurlijke perfectie in je Eenheid zou moeten zijn, vrij van conflicten. Alle conflicten met je Tweelingziel (in en uit Harmonieuze Tweelingzieleenheid) zijn gewoon een miscommunicatie.

Je bent van streek omdat er een gebrek aan communicatie is en/of een misverstand in de communicatie in jezelf. Als je deze miscommunicaties in je Harmonieuze Eenheid opruimt, begin je je bewustzijn te verhogen naar Perfecte Eenheid waar geen conflicten en geen communicatie-misverstanden zijn, omdat je bewustzijn helder is, en je jezelf volledig hebt verenigd en geïntegreerd met het Goddelijke.

## Hoe Harmonieuze Tweelingzieleenheid Eruit Ziet en Aanvoelt

Permanent in Harmonieuze Eenheid zijn met je ware Tweelingziel voelt als *perfectie* op het gebied van in essentie het beheersen van je Goddelijke liefdesleven. Er is een rust en een weten dat niets „van buiten" zal komen om jullie uit elkaar te halen, omdat er helemaal niets in jou is dat kiest voor afscheiding van je Tweelingziel. Boosheid en wrok jegens je Tweelingziel bestaat niet echt, omdat je weet dat conflicten van binnen een illusie zijn, en ze komen naar de oppervlakte om gezuiverd te worden, zodat je dieper kunt gaan in liefde en vrede in jezelf en binnen je Eenheid.

Er ontstaat een natuurlijke waardering en dankbaarheid in plaats van bitterheid wanneer je Tweelingziel je triggert terwijl je in Harmonieuze Tweelingzieleenheid bent. Je merkt dat je fundament dieper en dieper groeit, en dat gevoel van veiligheid in de liefde waar je van droomt is een zelf-gerealiseerde realiteit.

Jullie zien eruit als een stel dat samen perfect en krachtig is, omdat jullie dat zijn, en omdat jullie je Waarheid leven zoals God jullie heeft ontworpen te zijn. Je voelt je veel gelukkiger, intens mooi, overvloedig, comfortabel, creatief, krachtig, geliefd en zelfexpressief omdat je met ALLES van jezelf bent wanneer je in Harmonieuze Eenheid bent met je ware Tweelingziel. Deze manier van leven voelt geweldig en zeer bevrijdend.

Harmonieuze Tweelingzieleenheid voelt als het Thuis voor jou dat altijd al heeft bestaan, en je hebt er eindelijk voor gekozen om er weer te komen met je Goddelijke Geliefde, terwijl je het in werkelijkheid nooit verlaten hebt. Je geloofde alleen dat je dat deed en het is die aanvankelijke gedachte die de illusie van afscheiding van je Thuis met je Tweelingziel en met het Goddelijke had gecreëerd. Maar toen je je realiseerde dat het enige wat je hoefde te doen was de kern van afscheiding van je Tweelingziel in jezelf te helen, kwam je automatisch weer Thuis.

## Acht Sleutels tot het Fundament van je Harmonieuze Tweelingzieleenheid

### Eerlijkheid

Om iets te creëren dat voor altijd blijft heb je het juiste fundament nodig. Je wilt geen fundament waar je onzeker over bent. Waarom zou je iets met zand bouwen als je niet van plan bent het te laten afbrokkelen? Om te weten of het fundament stevig is, moet het getest worden. Als er iets is dat opgeruimd moet worden, of als je merkt dat er nog geen fundament is, moet je het puin opruimen en het fundament vormen van je Harmonieuze Tweelingzieleenheid. Sterke fundamenten zijn gebouwd op vertrouwen, eerlijkheid, waarheid, en gedeeld bewustzijn. Sterke fundamenten worden gebouwd op ware liefde. Je bouwt je fundament eerst door te kiezen voor eerlijkheid met jezelf en je Tweelingziel, en dan door te kiezen voor toewijding aan je Harmonieuze Tweelingzieleenheid. Je hoeft je niet meteen op alle mogelijke manieren aan elkaar te wijden, want het opbouwen van een echte vriendschap komt op de eerste plaats en er zijn lagen van bewustwording die je zult ontvangen waar je voor zult moeten kiezen om je stap voor stap aan toe te wijden. Jullie moeten er echter wel voor kiezen om meteen volledig eerlijk tegen elkaar te zijn. Jullie Eenheid kan gemakkelijk afbrokkelen in de fragiele beginfase.

Shaleia was weggeblazen toen ik haar op voorhand vertelde dat ik me inzette voor totale eerlijkheid in onze Eenheid. Ik zou haar alles vertellen wat ik over haar en mezelf voelde, zelfs als het heel ongemakkelijk was om te delen. Ik herinner me een avond nadat we in Hawaii waren gaan samenwonen, toen ik haar iets vertelde dat ik niet graag wilde delen. Ik zei haar dat ik haar eigenlijk helemaal niet leuk vond, en dat meende ik echt. Ik keek in haar ogen toen ik het zei en probeerde het niet te verbergen of weg te komen van die uitspraak. „Ik vind je niet leuk," zei ik tegen haar. Daarna wachtte ik op haar antwoord zonder te proberen haar of de situatie te controleren.

Ze keek me gekwetst en stomverbaasd aan. „Neem je mij in de maling?"

„Nee," hield ik vol. „Ik mag je echt helemaal niet. Ik hou van je, maar de dingen die je doet en uit, vind ik niet leuk." Ik was verbijsterd dat ik het gezegd had. Ik verwachtte dat ze haar koffers zou pakken en terug zou gaan naar Sedona, direct nadat ik het gezegd had. Ik denk dat ze op een bepaald niveau hetzelfde verwachtte. Maar er was iets zeer opluchtends en bevrijdends aan mezelf eerlijk uitdrukken. Het was alsof iets dat in mij opgekropt zat, losgelaten kon worden. Ik was in staat om de emotie door mij heen te laten gaan, en door de relatie met haar.

Door eerlijk over mijn gevoelens te communiceren en bereid te zijn om het te erkennen dat ik ze voelde, had ik mijn onvoorwaardelijke toewijding aan eerlijkheid in de relatie uitgedrukt, en we waren in staat om er snel doorheen te gaan en daarna de vruchten te plukken van een gezonde relatie.

Niet meer dan een uur later waren we de liefde aan het bedrijven, en had ik het gevoel dat ik Shaleia niet mocht helemaal achter me gelaten. Eerlijkheid is krachtig. Als we bereid zijn om volledig eerlijk te zijn tegen onszelf en onze Tweelingziel, dan kiezen we voor liefde. Oneerlijkheid is zwak. Het verhindert ons om duidelijk en eerlijk onze *ware* gevoelens en emoties te uiten en het betekent dat we onze kracht en energie laten weglekken. Als je Ware Liefde wilt, zul je ervoor moeten kiezen om je *Ware Authentieke Zelf* te eren en al je angsten over te geven aan het Goddelijke dat je perfect leidt op je spirituele Pad.

In het bovenstaande voorbeeld waarin ik zei hoe ik me eerlijk voelde over Shaleia op dat moment, stond ze voor *haar* Waarheid dat ze me niet alleen leuk vond, maar dat ze verliefd op me was en er niet voor koos om mij of zichzelf te verlaten in onze Tweelingzieleenheid. Shaleia was niet van plan een andere Waarheid te accepteren dan wat in haar hart was op dat moment, en zo is ze nu nog steeds. Omdat ik dit van haar weet en ik dit van mezelf weet, is er een diep, ondoorgrondelijk vertrouwen tussen ons, en onze Eenheid blijft groeien en verdiepen in Goddelijke Liefde samen.

Je Ware Zelf moet eerlijk uitgedrukt worden en je relatie heeft eerlijkheid nodig om je *Ware Zelf* er deel van te laten uitmaken. Je trekt je Ultieme Geliefde niet aan om alleen maar half in je Eenheid te zijn. Je leest dit boek omdat je een „**all-in**" persoon bent als het gaat om het manifesteren van je perfecte romantische relatie: Harmonieuze Tweelingzieleenheid. Je bent hier om liefde in jezelf te investeren, omdat je investeert in je vermogen om de juiste partner te kiezen, en je Tweelingziel in Harmonieuze Eenheid te vinden en te behouden. Als je net zo bent als ik, heb je veel te delen en te investeren in een persoon, en je wilt die liefde niet zomaar dumpen in een gebroken glas verbrijzeld op de keien van een lege parkeerplaats. Je liefde moet ergens heen gaan, en groeien!

Je verlangt ernaar om je liefde te investeren in een versterkte container die alles wat je erin stopt, kan vasthouden en beschermen. Je verlangt ernaar dat je liefde bij je blijft. Je verlangt naar je liefde om te spelen. Je verlangt ernaar dat je liefde blijft en er voor eeuwig is. Je verlangt ernaar om jezelf in iets te investeren en het vermenigvuldigd naar je terug te zien komen. Je verlangt ernaar bij je Tweelingziel te zijn, en in fysieke Harmonieuze Eenheid met hen te zijn voor je hele, eeuwige leven. Je verlangt naar de Perfecte Liefde die je hart je beloofde toen je een jong kind was, omdat het je ware verlangen naar je Tweelingziel kent, en het hart van een kind kent Perfecte Goddelijke Liefde. Er zijn een aantal speciale stappen die genomen moeten worden om die liefde te bereiken en te behouden.

## Vertrouwen

Om andere resultaten te krijgen moeten we andere acties ondernemen. Harmonieuze en Perfecte Tweelingzieleenheid is gebouwd op basis van vertrouwen. Een basis van vertrouwen komt van twee mensen die naar de tafel komen als hun ware authentieke zelf, de diepste delen van zichzelf eerlijk met elkaar delen, en samenwerken aan de ontwikkeling en groei van hun Tweelingzieleenheid en HTFU. Een fundament van vertrouwen vereist eerlijkheid. Je kunt niet vermijden om je Tweelingziel precies te vertellen wat je denkt en voelt als je intimiteit en verbinding wilt verdiepen, en je Tweelingzieleenheid wilt behouden, omdat je eerlijk bent met hoe je je vanbinnen voelt, wat je zelfvertrouwen ontwikkelt dat gevoelens van verraad en onzekerheid tegengaat.

Wat betekent eerlijkheid niet? Het betekent niet dat je elk klein dingetje in je hoofd precies zo vertelt als je denkt. Het betekent niet dat je je partner precies vertelt wat je voor hem of haar voelt als je extra van streek bent, en eigenlijk gewoon even de ruimte moet nemen om te kalmeren. Het betekent niet dat je dingen zegt waarvan je weet dat ze je Tweelingziel gaan kwetsen, alleen maar om ze opzettelijk te kwetsen omdat je boos bent, of je op hen afreageert, zelfs als je al een tijdje op deze manier over hen denkt. Doe in plaats daarvan gewoon de Spiegeloefening en los het in jezelf op.

Het betekent wel dat je onderscheidingsvermogen hebt over wat je deelt, maar het betekent niet dat je de belangrijke dingen weglaat. Het betekent dat je eerlijk je authentieke gevoelens deelt, en wat je hart je ingeeft, zelfs als je weet dat het waarschijnlijk heel moeilijk zal zijn voor één van jullie of voor jullie allebei. Het betekent dat je de relatie benadert met eerlijkheid en compassie voor elkaar. Het betekent dat je elkaars eerlijkheid respecteert als die naar buiten komt, en dat je er samen met compassie doorheen werkt. Een stevig fundament is niet gebouwd op snoepgoed met een suikerlaagje dat snel smelt, het is gebouwd op een rots. Je zult absolute eerlijkheid in je Tweelingzieleenheid moeten opnemen als je een absoluut niet te stoppen Eenheid wilt.

## Toewijding

Er is nog een sleutel tot het fundament van een absoluut onstopbare Eenheid: *Toewijding*. Eerlijkheid op de eerste plaats, toewijding op de tweede. Toewijding is essentieel *voordat* je de fase van Conflict bereikt. **Toewijding is wat je Eenheid sterk zal houden door de *echt* moeilijke tijden heen en is een essentieel onderdeel van Harmonieuze Eenheid.** Zonder toewijding (daadwerkelijk beslissen en ervoor te kiezen om ALLES IN TE ZETTEN met nul uitwegen) kun je je Harmonieuze Tweelingzieleenheid niet manifesteren. Als je bereid bent om je volledig toe te wijden aan je Tweelingziel, als je bereid bent je in te zetten om de andere persoon zijn of haar beproeving te zien doorstaan, wat er ook gebeurt, en als je bereid bent je in te zetten om je eigen beproeving te zien doorstaan, wat er ook gebeurt; in combinatie met eerlijkheid, liefde en compassie, heb je het fundament voor een onstopbare Harmonieuze Eenheid.

Met eerlijkheid, vertrouwen en toewijding als je fundament is er niets dat je kan tegenhouden om de volledige ervaring en uitdrukking van je Ware Liefde te bereiken. Wat kan jou tegenhouden? Je hebt je Tweelingziel, je Ultieme Geliefde, de enige persoon die altijd van je zal houden, de ziel die voor jou is gecreëerd om van je te houden en door jou geliefd te worden, en die met je mee evolueert op je eeuwige reis. Er is geen hogere geliefde voor jullie beiden. Er zal niemand anders komen die beter geschikt voor je is dan je Tweelingziel. Onthoud de waarheid hiervan, ongeacht wat je omstandigheden op dit moment zijn of zijn geweest.

Als je eerlijk communiceert over alles wat je voelt, als je toegewijd bent aan eerlijkheid en vertrouwen in je Eenheid, is er niets dat kan ontstaan dat voorbij één van jullie beiden komt. Er kunnen geen langdurige gevoelens van wrok ontstaan als jullie eerlijk delen wat jullie beiden voelen. Er kan geen andere persoon in jullie leven komen als jullie eerlijk met elkaar delen hoe jullie je voelen. Eerlijkheid schept totale verheldering in jezelf en in je Tweelingzieleenheid. Met deze totale verheldering kun je je Eenheid zien en waar het precies naar toe gaat, en beslissen of jullie dat beiden leuk vinden of niet, omdat het jullie dichter bij jullie Harmonieuze Eenheid brengt, of niet.

Als je het fundament van een absoluut niet te stoppen Eenheid wenst, zul je een serieuze belofte binnen jezelf moeten maken in je kern. Als je niet naar jezelf toewijdt om in je Harmonieuze Tweelingzieleenheid te komen, dan heb je jezelf natuurlijk al toestemming gegeven om het voor gezien te houden en op te geven, vooral als het moeilijk voelt met je Tweelingziel, of met het Goddelijke, en je emotioneel getriggerd bent. Het is veilig voor je om geloof en vertrouwen te hebben in jezelf, je Schepper, en je Tweelingziel met wie je Één bent in de keuze om je te wijden aan dit heilige spirituele pad van Goddelijke Eenheid.

Ik heb het niet per se over trouwen met je Tweelingziel, maar jullie zullen heel vroeg in je Tweelingzieleenheid een vorm van een oprechte belofte moeten doen die jullie beiden absoluut respecteert. Hier is een voorbeeld van een belofte die ik heb ondertekend en naar Shaleia heb gestuurd na een paar maanden met haar gepraat te hebben:

Ik beloofde Shaleia dat wat er ook zou gebeuren, ik naar mijn beste vermogen en in volle macht zou blijven investeren in onze Eenheid gedurende 30 dagen nadat één van ons had besloten onze relatie te beëindigen. Ik zou elke breuk 30 dagen geven voordat ik het zou erkennen en ernaar zou handelen. Ik gaf 30 dagen meer dan ik een normale relatie zou geven, omdat ik wist dat er iets speciaals tussen ons was dat ik wilde beschermen.

Ik beschermde mijn Tweelingzieleenheid met mijn belofte, omdat ik er zeker van wilde zijn dat het beëindigen van de relatie een bewuste beslissing was, en niet een enorme schok die ons beiden met lichtsnelheid naar tegengestelde paden stuurde. Mijn belofte aan haar, en snel daarna, haar wederzijdse belofte aan mij, was één van de dingen die ons samen hielden tijdens de meest pijnlijke en uitdagende dagen in onze fase van conflict.

### **Doorzettingsvermogen**

Door ervoor te kiezen om bij je Tweelingziel te zijn, gekoppeld aan je belofte van eerlijkheid, vertrouwen, en je toewijding aan je Tweelingziel, zul je een onstopbaar fundament hebben voor je Harmonieuze Eenheid. Om je Eenheid echt onstopbaar te laten zijn, heb je nog een ander ingrediënt nodig. Dit ingrediënt is de motor achter een onstopbare Eenheid. *Doorzettingsvermogen.* Doorzettingsvermogen is wat je voortdrijft, zelfs wanneer je extreem en buitensporig overstuur bent. Doorzettingsvermogen is wat het volgende obstakel van het pad duwt. Doorzettingsvermogen is het sap dat zegt: „Ik ga door en investeer hoe dan ook in mijn Eenheid." Zelfs als je steeds weer geconfronteerd wordt met dezelfde wegversperring, en je gedachten hebt om op te geven met jezelf en je Tweelingziel.

Doorzettingsvermogen is een belangrijke sleutel tot een echt onstopbare Eenheid. Als ik geen doorzettingsvermogen in mijn Eenheid had, zou die misschien helemaal niet zo gegroeid zijn, of zelfs nooit. We zouden in patronen kunnen blijven steken, of ermee stoppen nadat onze verbindingsperiode voorbij was. Als ik geen doorzettingsvermogen had, zou mijn Eenheid misschien niet de energie hebben om door de tegenslagen heen te gaan. Misschien valt je iets op aan de vorige uitspraak en veel andere uitspraken in dit boek, ik heb het zelden over „wij" als ik het over mijn Eenheid heb. Ja, Tweelingzielen zijn intrinsiek verbonden en elke keuze heeft invloed op de ander, maar er is nog iets speciaals met Tweelingzielen. **Je hebt je Tweelingziel niet nodig om heling- of zuiveringswerk te doen, en je Tweelingziel hoeft dit boek niet te lezen voor *jou* om een onstopbare Eenheid met hen te hebben.**

Als je een kernkeuze maakt, wordt je Tweelingziel automatisch beinvloed en stemmen zij zich af op die kernkeuze. Je hoeft ze nooit iets te laten doen om een gelukkige en succesvolle Harmonieuze Eenheid te hebben. Zij zullen zich van nature afstemmen op het werk dat je doet, of zij zich daar nu bewust van zijn of niet. De reden waarom dit gebeurt is omdat jij en je Tweelingziel Één zijn, en als je een kernkeuze maakt, maak je die als Één op de plaats waar je verenigd bent. Een goed voorbeeld voor veel mensen is de kernkeuze en het verlangen om kinderen te krijgen. Dit is de reden waarom één of beide Tweelingzielen met kinderen kunnen komen, of jij en je Tweelingziel kunnen ervoor kiezen om samen een gezin te stichten wanneer jullie in harmonie verenigd zijn.

## **Compassie**

Het hebben van compassie voor jezelf en je Tweelingziel kan op deze reis niet genoeg gezegd worden. Als het je ontbreekt aan empathie en compassie op je spirituele reis naar je Eenheid zul je het moeilijk vinden om de vibratie van Harmonieuze Eenheid te bereiken, omdat je voortdurend oordeelt, boos en teleurgesteld bent in jezelf en in je Tweelingziel. Om onvoorwaardelijk geaccepteerd te worden door je Tweelingziel moet je compassie hebben voor jezelf en wat je hebt ondergaan om te komen waar je nu bent en waar je momenteel naar op weg bent. Zelfacceptatie en compassie voor jezelf en je Tweelingziel zullen je vullen met liefde en genegenheid omdat je houdt van het deel van jou en hen dat gekwetst is, of niet beter wist, of niet klaar was om voor Eenheid te kiezen op een plek van binnen waar je voor afscheiding van je Goed en je Schepper had gekozen en ervaren.

Compassie hebben is essentieel voor het cultiveren van Perfecte Eenheid. Het is iets wat je gaandeweg moet leren en je zult er keer op keer op getest worden. Compassie begint ermee dat je erkent dat niemand anders jou op welke manier dan ook kan schaden of beïnvloeden. Als je erkent dat de keuzes van een ander, hoe slecht ze ook mogen zijn, jou niet kunnen beïnvloeden, kun je je losmaken van hun keuzes. Zelfs de keuzes van je Tweelingziel kunnen niet afzonderlijk van jou invloed op je hebben, ze zouden alleen maar je eigen keuzes onthullen.

Nu je geen gehechtheid hebt, is het veilig voor je om te erkennen hoe pijnlijk hun conflicterende keuzes moeten zijn, of hoe ongemakkelijk het voor hen moet zijn om vast te moeten houden aan hun conflict. Je kunt compassie voor hen hebben. Compassie gaat niet over medelijden hebben met een ander of je slecht voelen voor hen, het gaat over begrijpen dat ze zich niet slecht hoeven te voelen over wat ze ervaren, en dat ze onmiddellijk een nieuwe keuze kunnen maken als ze er klaar voor zijn en de conflicterende ervaring los kunnen laten.

Compassie hebben voor je Tweelingziel betekent dat je zoveel van ze houdt, dat je ze toestaat om wat dan ook door te maken wat ze ook moeten ondergaan om te helen. Het betekent dat je bij hen blijft, wat hun uitdaging of ervaring ook is, zelfs als jij het antwoord al hebt en zij ervoor kiezen niet naar jou te luisteren.

Eén keer wees Shaleia me erop dat mijn zakenpartner me links, rechts en in het midden aan het oplichten was. Ik vertelde haar dat ik wist wat er aan de hand was, maar dat ik nog steeds een dieper antwoord moest vinden. Ze kon niet begrijpen waarom ik deze ervaring moest ondergaan, maar ze vertelde me liefdevol dat ze me hoe dan ook zou bijstaan.

Haar liefdevolle steun loodste me veel sneller door mijn conflict heen dan wanneer ze geen compassie met me had gehad; en zeker veel sneller dan wanneer ze geprobeerd had me tegen te werken in mijn verlangen om de les af te maken. Zij, en niemand anders, kan echt tussen mij en mijn lessen staan. Ik moest het op mijn eigen manier leren, op mijn eigen unieke manier, en in mijn eigen tempo. Wat ik ook moest ervaren, of ondergaan, ik moest nog steeds mijn eigen begrip hierin vinden. Haar compassie en steun maakten het veel makkelijker voor mij om uit deze ervaring te halen wat ik nodig had.

Compassie hebben met anderen is heel nuttig. Je zult op je reis waarschijnlijk veel mensen tegenkomen die een aantal behoorlijk vreselijke beslissingen nemen om de illusie te ervaren dat ze zichzelf schade toebrengen. Onthoud dat zij jou geen kwaad kunnen doen als je ervoor kiest om hun keuze van afscheiding niet uit te nodigen als de jouwe. Je zou ook kunnen herkennen wat zij in jou weerspiegelen, en dat conflict helen.

Het kan zijn dat je mensen moet laten gaan van wie je ooit dacht dat ze heel dicht bij je stonden, wanneer je inziet dat ze niet echt op één lijn liggen met het liefhebben van jou in je kern. Het meest compassievolle wat je in sommige situaties kunt doen is anderen loslaten zodat je je werkelijk kunt ontplooien en tot leven kunt komen. Soms laat het loslaten van iemand je toe om ze terug te vinden in een nieuw, liefdevoller licht. Soms resulteert dit zelfs bijna onmiddellijk in een veel liefdevollere en geëvolueerde relatie die jullie beiden met elkaar delen.

Echte compassie betekent dat je niet alleen compassie hebt voor je Tweelingziel en anderen, maar ook voor jezelf. Compassie hebben voor jezelf betekent dat je jezelf niet verder duwt dan waar je op een duurzame en evenwichtige manier kunt komen. Het betekent dat je je gevoelens respecteert en respecteert waar je bent. Het betekent genoeg van jezelf houden om „Ja" te zeggen tegen keuzes die liefdevol zijn, en „Nee" tegen keuzes die niet liefdevol zijn.

Dit resulteert in een sterke, evenwichtige, gezonde en duurzame basis voor jezelf, je hart en je geest, die een rotsvast fundament vormt om je Perfecte Eenheid op te laten groeien.

### Onvoorwaardelijke liefde

Onvoorwaardelijke liefde lijkt veel op compassie zoals hierboven beschreven. Het betekent dat, *wat er ook gebeurt, je zonder voorwaarden van je Tweelingziel gaat houden.* Gedraagt je Tweelingziel zich als een dwaas? Je houdt toch van hen. Je Tweelingziel zegt nare dingen tegen je? Je houdt toch van hen. Je Tweelingziel verbindt zich niet aan jou en heeft een relatie met iemand anders? Je houdt toch van ze. **Onvoorwaardelijke liefde is de beste vriend van compassie.**

Ooit had één van onze studenten haar Tweelingziel in de klas in Twin Flame Ascension School. Zij was onze student geweest, en hij was onlangs uit hun Eenheid weggelopen. We vroegen haar of ze onvoorwaardelijk van hem zou houden als hij aardig tegen haar zou zijn. Natuurlijk, haar antwoord was een gemakkelijk „Ja". Daarna vroegen we haar of ze onvoorwaardelijk van hem zou houden als hun romantiek geweldig zou verlopen. Natuurlijk zei ze „Ja". Toen stelden we haar een veel moeilijkere vraag. We vroegen: „Wat als hij weer wegloopt en teruggaat naar zijn valse vrouw? Zal je dan onvoorwaardelijk van hem houden?"

Ze voelde zich stomverbaasd en verbijsterd. Weinig mensen denken er ooit aan om van iemand te houden als die persoon zich op dat moment nog niet aan hen verbindt. Onvoorwaardelijke liefde betekent precies dat, letterlijk. Je houdt absoluut en onmiskenbaar van ze, zonder enige voorwaarde, wat er ook gebeurt.

Wat gebeurde er kort na die les? Ze gingen terug in een staat van afscheiding, en ze werd erg overstuur. We herinnerden haar aan de les die we haar in die klas hadden geleerd en ze paste die heel ijverig toe. Zij hield onvoorwaardelijk van hem en had compassie voor hem toen hij door zijn conflict en afscheiding ging. Ze hield ruimte voor hem. Zij onttrok haar liefde niet aan hem, ook al had hij een duidelijke grens in hun communicatie gesteld, en was er geen contact tussen beiden mogelijk.

Kort daarna keerde hij terug met een hart vol liefde en een hoop conflicten gezuiverd. Haar onvoorwaardelijke liefde was een krachtig bewijs van de uitzonderlijke spirituele wetenschap die wij in ons werk onderwijzen. Het werkt elke keer voor elke persoon waar dan ook. Het is normaal, het is natuurlijk, en het zal volledig voor je werken wanneer je wat wij je leren volledig en totaal in uitvoering brengt in jouw leven.

## **Vergeving**

Als je een permanente basis voor je Perfecte Eenheid wilt cultiveren, zul je vergeving onder de knie moeten krijgen. Vergeven betekent *„Volledig loslaten."* Als je een eerder conflict met je Tweelingziel volledig kunt loslaten, bevrijd je hen niet, je bevrijdt alleen jezelf. Als je ervoor kiest wrok te koesteren tegen iemand anders, schaadt je hen niet, maar alleen jezelf. Velen proberen of hebben geprobeerd te bewijzen dat dit een leugen is, maar een leugen is een leugen en het opheffen van de illusie dat wrok koesteren je geen pijn doet, zal altijd bewijzen dat het dat wel doet, keer op keer.

We zien zoveel Tweelingzielkoppels die eruitzien als een paar kibbelende kippen die al eeuwen lijken vast te houden aan wrok. We zien ze energetisch met de armen boos gevouwen, wegkijkend van elkaar en beiden verwachten dat de ander opmerkt hoe boos ze zijn, en vervolgens voor hen verandert. Dit is zo'n dwaze en krankzinnige manier om met je Tweelingzieleenheid om te gaan. Als je verwacht dat ze veranderen, zich verontschuldigen, of iets voor je doen om je conflict los te laten, ben je absoluut krankzinnig in je verwachting. Vergeet niet, *je Tweelingziel is <u>letterlijk jou.</u>*

Misschien werkte je wrok om de andere persoon uit te hongeren van liefde uit je vorige romantische relaties, zozeer dat de pijn hen zou shockeren in het besef dat ze graag zouden buigen voor jouw invloed, maar dat werkt niet in je Tweelingzieleenheid. Je wrok zal alleen JOU verdrinken in afscheidingsbewustzijn.

Wanneer je dit begrijpt, kun je boven de kleinzerigheid van wrok uitstijgen en overgaan naar het rijk van ware vergeving. Deze hogere staat is gemakkelijk te bereiken met een eenvoudige keuze waaraan je je alle dagen van je eeuwige leven houdt. Hier is een eenvoudig decreet voor jou. Spreek het eenmaal uit in het midden van je hart en kies het wanneer het voor jou opkomt.

*„Ik kies ervoor om alle conflicten uit het verleden, heden en de toekomst te vergeven, wanneer ze zich ook maar voordoen. Vergeving komt gemakkelijk, vreugdevol en natuurlijk naar mij toe omdat vergeving deel uitmaakt van wie ik ben, en vergeving uitspreiden naar een ander vergroot op natuurlijke wijze vergeving in mijzelf."*

Deze onvoorwaardelijke overgave van wrok is ware vergeving. Onvoorwaardelijke vergeving is wat je werkelijk onder de knie wilt krijgen om een volledig meesterschap te kunnen uitoefenen over een stabiel en permanent fundament voor je Eenheid. Maak je geen zorgen als dit veel lijkt om in één keer te verwerken.

Als dit de eerste keer is dat je dit boek leest, lees het dan in een rustig tempo door als je dat wilt, en je kunt altijd terugkomen om het statement voor statement te bestuderen en echt diep te mediteren over elk idee hier. Je hebt een eeuwigheid de tijd om deze informatie onder de knie te krijgen, en als je je haastig voortsleept is dat niet goed voor je, maar het is *wel* nuttig voor je om de tijd te nemen en alles wat we in ons werk onderwijzen volledig te integreren. Want het zal je alle dagen van je eeuwige leven van dienst zijn.

Vergeving betekent dat je iets loslaat.

In het boek Een Cursus in Wonderen van 'Foundation for Inner Peace' staat „Vergeving ziet in dat wat jij dacht dat je broeder jou heeft aangedaan, niet heeft plaatsgevonden. Wat ze niet doet is: zonden kwijtschelden en ze werkelijk maken. Ze ziet dat er geen zonde is geweest. *En in die zienswijze zijn al jouw zonden vergeven.* Wat is zonde, anders dan een onjuist idee omtrent Gods [Kind]?

Vergeving ziet eenvoudig de onjuistheid daarvan en laat het daarom los. Wat dan vrij is om nu de plaats daarvan in te nemen, is de Wil van God." (Een Cursus in Wonderen, Werkboek Les 220, Deel II, „1. Wat is vergeving", 1).

Leer onvoorwaardelijke vergeving en je zult in dit moment eeuwig getransporteerd worden naar het Koninkrijk der Hemelen, een plaats waar je volledig aanwezig kunt zijn bij het Goede dat zich voordoet, vooral tussen jou en je geliefde Tweelingziel, omdat je vrij bent van oordeel over jezelf, en over je Tweelingziel.

## **Respect**

Respect betekent dat je *de keuzes van je Tweelingziel, jezelf en anderen eert.* Het betekent ook dat je de keuzes van God in je leven respecteert via je levensomstandigheden.

Als je niet respecteert wat je ervaart, ga je er niet doorheen naar het volgende niveau. Als je een vreselijke pijnlijke afscheiding ervaart, kun je deze ervaring niet vermijden. Je kunt het Leven niet uitdagen of met het Leven proberen te onderhandelen om het zover te krijgen dat het je ervaring verandert. Je moet eren wat je ervaart door te beseffen dat je het ervaart zoals het is. Het is alleen vanuit deze houding dat je er doorheen kunt gaan. Dit is wat je de kracht geeft om je werkelijkheid te veranderen.

Omgekeerd, als je veel liefde, succes en vreugde ervaart, zul je dat ook moeten respecteren. Stel je voor dat je Tweelingziel gewoon smoorverliefd op je is. Stel je voor dat jullie een absoluut ongelooflijke tijd samen hebben en samen van het leven houden. Je moet eerlijk respecteren dat dit jouw ervaring is. Als je verdrietig en bang wordt, van streek en controlerend, in de hoop dat deze ervaring doorgaat, kun je het verstikken van al zijn prachtige liefde en Leven, waardoor je in feite de angst in jezelf creëert.

Controle helpt je niet, want controle heeft geen echte macht, alleen de illusie ervan. Het heeft je nooit geholpen. Het zal je nooit helpen. Je controle beweert dat ze je zekerheid, stabiliteit, veiligheid, zekerheid en macht zal geven. Dat doet het nooit. Het resulteert alleen maar in verlies van wat je werkelijk verlangt. Je kunt ervaren dat je de controle hebt en je daar goed bij voelt, maar je zult ook een vreselijke terugslag ervaren als gevolg hiervan en een grotere afscheiding van je Goddelijke Goed. Controle is het nooit, nooit, nooit waard. Geef je gewoon over en respecteer je ervaring authentiek en eerlijk zoals het werkelijk is.

Als je de keuzes van je Tweelingziel niet respecteert, dan hou je niet onvoorwaardelijk van hen. Je hebt ook geen compassie voor hen. Zorg ervoor dat je de Waarheid in ze respecteert, en niet de leugens. Als ze je op een dag bijvoorbeeld vertellen dat ze niet van je houden en niets met je te maken willen hebben, respecteer dan dat ze absoluut die ervaring hebben. Je kunt de Spiegeloefening doen als wat ze zeggen je op de één of andere manier van streek maakt, en verder gaan terwijl je hun ervaring respecteert. Ze hebben je laten weten dat ze ervaren dat ze niet van je houden. Accepteer dit als hun ervaring, maar *je hoeft dit niet te accepteren als de jouwe*. Zie de waarheid van de situatie en overwin de leugen en de illusie door in plaats daarvan voor liefde te kiezen. Nu je hun ervaring hebt gerespecteerd, ben je goed op weg om hen te helpen het te transformeren.

Met je Tweelingzieleenheid en je begrip van deze acht essentiële principes als de basis van jouw Harmonieuze Eenheid: Eerlijkheid, Vertrouwen, Toewijding, Doorzettingsvermogen, Compassie, Onvoorwaardelijke Liefde, Vergeving, en Respect, zul je echt een onstopbare Eenheid hebben voor de rest van je vreugdevolle, gelukkige, en romantische eeuwige leven.

# Hoofdstuk 7
*Je Tweelingzieleenheid: Levensdoel*

Het doel is een onderliggende motiverende reden waarom je alles doet. Het hebben van een doel betekent dat je vol gedrevenheid bent om iets te bereiken, te creëren, te doen en uit te drukken. Een doel hebben met je Tweelingziel in Harmonieuze Eenheid betekent dat je eensgezinde visies deelt, eensgezinde doelen, en eensgezinde behoeften, die onvermijdelijk aanzetten tot eensgezinde acties. Samen kies je je onderliggende motiverende factoren, je stemt je waarden op elkaar af, en je brengt alles naar voren wat jullie beiden zijn. Je wordt meer dan je al was en je gebruikt het als katalysator om meer te creëren, uit te drukken, te doen en te zijn dan je ooit had kunnen doen, en misschien meer dan je ooit voor mogelijk had gehouden.

Bij Tweelingzielen gaat het er niet alleen om dat je een lekker wijf hebt om te knuffelen en van te genieten als je thuis bent. Bij Tweelingzielen gaat het erom dat je iemand hebt met wie je je leven in alle opzichten kunt afstemmen, want dat is je natuurlijke aanleg. Ze gaan over het hebben van je perfecte teamgenoot in het leven, of het nu het ouderschap van een gezin, co-creëren van een bedrijf, of het bouwen van een bepaalde levensstijl samen en/of al het bovenstaande. Het hebben van een Tweelingziel gaat over het hebben van een mede-avonturier in het leven met die ene andere persoon die al hetzelfde wil als jij, en het betekent dat je samen een levensdoel kunt creëren en delen. Het is zoveel meer dan alleen een geliefde hebben; een Tweelingziel is je eeuwige levenslange partner in creatie!

## Jullie Levens Afstemmen

Het eerste wat je wilt doen als je je Tweelingziel ontmoet en je Harmonieuze Eenheid bereikt, is beginnen jullie levens perfect op elkaar af te stemmen en te harmoniseren. Je hoeft je levens niet op elkaar af te stemmen als je elkaar voor het eerst ontmoet, maar het is zo veel sappiger, rijker, en intiemer als je ervoor kiest. Als je echt verlangt om je volledige Tweelingzielervaring te creëren, zul je verlangen om elk aspect van jezelf af te stemmen, omdat je dan ALLES van jezelf op één lijn brengt. Jullie moeten beiden je levensvisies en waarden op elkaar afstemmen, en ervoor zorgen dat jullie samen harmoniseren als Één. Jullie hoeven niet getrouwd te zijn om dit te doen, maar jullie moeten wel eerlijk met elkaar communiceren over wat jullie verlangen en hoe jullie je voelen.

Als je een conflict ervaart, wees er dan van verzekerd dat het slechts een miscommunicatie is, gebaseerd op een blokkade die een van jullie of beide heeft. In spirituele waarheid, Tweelingzielen hebben eigenlijk nooit een conflict in de kern, dus dat is hoe je weet dat er alleen maar een miscommunicatie is gebaseerd op een blokkade die opkomt.

Als jij en je Tweelingziel elk van jullie verlangens, waarden, en levensvisies hebben gecommuniceerd, en de keuze om te harmoniseren, zullen jullie grotendeels op elkaar afgestemd zijn. Zelfs als er enkele ernstige meningsverschillen zijn, zullen na verloop van tijd de breuklijnen vervagen, en de afstemming die jullie delen zal overal de overhand krijgen. Shaleia en ik hebben de eerste maanden van onze ontmoetingsfase doorgebracht met het maken van gedeelde Google Drive-documenten, waarin alle aspecten van ons perfecte huis en leven samen werden beschreven.

Toen richtten we onze aandacht op ons levenswerk. Gelukkig zijn Tweelingzielen in elk aspect perfect op elkaar afgestemd en carrière is geen uitzondering. Dit betekent niet dat jullie altijd precies hetzelfde willen doen, maar het betekent wel dat wat jullie kiezen de ander zal aanvullen. Shaleia en ik spraken op een avond aan de telefoon in het begin van onze relatie, toen ze haar visie op haar levenswerk uitsprak. Ze had altijd aangenomen dat zij en haar droomman apart zouden werken, en aan het eind van de dag weer bij elkaar thuis zouden komen. Echter, ze had nog nooit een man ontmoet die haar energetisch en spiritueel kon bijstaan.

Vervolgens beschreef zij voor mij alle aspecten van de carrière die ze zich voorstelde, van spreken op het podium, tot boeken schrijven, workshops geven, enz. Ik vertelde haar openhartig dat ik mezelf precies dezelfde dingen zag doen, hoewel ik nog niet volledig had gekozen voor dat pad. Het duurde nog vele maanden, bijna een jaar nadat we elkaar voor het eerst gesproken hadden, voordat we beiden om de tafel gingen zitten en ons eindelijk begaven op onze gezamenlijke carrière, maar dat kwam door eerlijke communicatie en wederzijds afgestemde waarden en verlangens. Wij zijn

Tweelingzielen, en we zullen altijd naar dezelfde dingen verlangen, maar we zullen niet altijd precies weten wat we verlangen. Als de één helder wordt, wordt de ander dat ook, want kiezen voor helderheid is een kernkeuze en heeft direct invloed op je Tweelingziel.

## Tweelingziel Helderheid

Helder worden over je verlangens is één van de belangrijkste dingen die je kunt doen in je Eenheid en in je leven. Als je je verlangens helder krijgt, kun je bepaalde beslissingen nemen en actie ondernemen om ze te bereiken. Ik heb altijd naar mijn Ultieme Geliefde verlangd, maar het heeft lang geduurd, en ik moest veel contrast ervaren voordat ik besloot mijn Tweelingziel te hebben. Ik zou voor niets stoppen om mijn perfecte liefdesleven te creëren. Door mij te concentreren op wat ik in mijn liefdesleven verlangde, ben ik erin geslaagd mijn Tweelingziel in Harmonieuze Eenheid aan te trekken. Het maken van een heldere beslissing is noodzakelijk in elke manifestatie, anders verzwak je de resultaten van wat je manifesteert, en als je halfbakken bent met jouw intenties zal dit leiden tot het hebben van 'halfbakken' resultaten.

Helder worden over je verlangens voor je liefdesleven begint het proces van aantrekken waar je specifiek om vraagt, en het kan een reis en avontuur op zich zijn. Je hoeft niet helder te beginnen, om helder te worden. Shaleia en ik hadden ijverig op individuele basis gewerkt voordat we elkaar ontmoetten, om helder te worden wat we in ons liefdesleven verlangden te ervaren. In onze huidige cultuur reizen veel jonge mensen, gaan op onderzoek uit, veranderen van baan, van carrière, van partner en van stad om helder te worden wat ze verlangen. Veel jonge mensen hebben nog niet ontdekt wat ze nu precies verlangen in hun leven, dus moeten ze op verkenning gaan en contrasten ervaren om helderheid te krijgen. Deze helderheid brengt het succes en de energie waar zoveel mensen in de samenleving bewondering voor hebben. Deze helderheid brengt enige vorm van specificiteit.

Wanneer je helderheid bereikt, is het gemakkelijk voor je om een beslissing te nemen om je energie te gebruiken en vooruit te gaan. Totdat je helderheid hebt bereikt, kun je je niet volledig ergens aan toewijden voor een redelijke tijdsperiode. Helderheid is wat ons met absolute zekerheid laat weten dat we vooruit kunnen en alle andere opties kunnen laten gaan. Helderheid is wat me in staat stelde om me met absolute zekerheid aan Shaleia te verbinden in die eerste paar maanden. Ik wist dat ik de rest van mijn leven met mijn Ultieme Geliefde wilde doorbrengen, en ik wist dat zij zich nog niet als mijn Ultieme Geliefde had geopenbaard. Het was mij nog niet helder of ik haar kon verlaten, ook al was het mij nog niet helder of ik mijn hele leven bij haar kon blijven. Ik was helder genoeg om te besluiten bij haar te blijven tot ik erachter was of zij mijn Tweelingziel was, mijn Ultieme Geliefde, of niet. Ik zou geen andere vrouw krijgen totdat ik de beslissing nam om mijn gevoelens helemaal tot het einde te volgen. Ik volg mijn gevoelens nog steeds, en zal dat in mijn Eenheid elk moment van mijn leven blijven doen.

Dus hoe krijgen we helderheid? We onderzoeken onszelf en situaties, en ervaren contrast. Je hebt geen helderheid nodig over je levensdoel om bij je Tweelingziel te kunnen zijn. Voordat ik Shaleia ontmoette, was ik gevuld met een doel in het leven, maar niets daarvan kwam uiteindelijk overeen met wat we wederzijds beslosten toen we onze Tweelingzieldoelen afstemden. *Wat ons samen helderheid bracht over ons Tweelingzieldoel was onze wederzijdse verkenning van onze verlangens.*

Gelukkig voor ons hadden we allebei genoeg persoonlijk onderzoek gedaan om vrij helder te worden wat we als individuen wilden. Eén ding dat ons echt hielp om samen helder te worden was discussiëren. We werden samen heel bewust bij het bespreken van onze verlangens, ze ons samen voor te stellen, enige tijd met die verbeelding te zitten en dan de discussie te laten evolueren.

We stelden ons voor dat we samen vijf kinderen zouden krijgen. Na maanden van discussie en visualisatie, besloten we beiden dat we toch maar één kind wilden. We kregen helderheid over onze beslissing om slechts één kind te krijgen door alle andere opties in onze verbeelding te onderzoeken die ons hadden geïnteresseerd. Voordat ik op onderzoek uitging, dacht ik dat ik een groot gezin wilde, maar na samen met mijn Tweelingziel te hebben nagedacht, besloten we allebei dat een kleiner gezin met één kind beter zou passen bij onze gewenste levensstijl en bij hoe we eigenlijk van binnen zijn. Zonder innerlijke verkenning en bezinning, is het heel moeilijk om helderheid te krijgen. Zonder helderheid is het moeilijk om gefundeerde beslissingen te nemen waar je je ooit aan kunt toewijden.

Om samen je doel te vinden, moet je het samen creëren op basis van wederzijdse beslissingen. Wanneer je helderheid krijgt door verkenning, wordt het nemen van gezamenlijke beslissingen gemakkelijk. Verkenning kan zo leuk zijn, en deel van het uitgebreide en prachtige avontuur dat jullie beiden in het leven beleven. Wanneer het tijd is voor jullie beiden om te beslissen over jullie doel samen, zal het leuk, gemakkelijk en natuurlijk zijn.

# Hoofdstuk 8

## *Wat is het Verschil tussen Soulmates en Tweelingzielen?*

Bij het leren over Tweelingzielen en het zelf maken van de spirituele reis, kan het makkelijk zijn om verward te raken tussen een soulmate en je Tweelingziel. Beide energieën kunnen zo goed en vergelijkbaar met elkaar aanvoelen als men zich niet bewust is van de afzonderlijke verschillen. Het is belangrijk om deze verschillen te begrijpen om het bewustzijn te hebben om de juiste beslissingen te nemen in je liefdesleven. Misschien heb je liever een soulmate nadat je de uitdagingen van de fase van Conflict in Tweelingzieleenheid hebt leren kennen. Misschien wil je geen genoegen nemen met een soulmate nadat je hebt geleerd van de heerlijke en wonderlijke ervaringen die alleen Tweelingzielen samen kunnen hebben. Wat je ook kiest, je weet dat de kracht van je keuze machtig is.

God is waar ik eerst heen ga als ik ergens een vraag over heb. Ik heb Gods antwoord gechanneld op de vraag: „*Wat is het verschil tussen soulmates en Tweelingzielen?*" Dan neem ik God's gechannelde boodschappen, en controleer ze met mijn eigen begrip en ervaringen, in het geval ik iets gemist heb, of niet goed heb begrepen. Ik vraag God ook of ik volledig begrijp wat er aan mij wordt gepresenteerd. Dit helpt mij te zorgen voor perfecte informatie om een perfect traject van mijn levensreis te verzekeren.

## Het verschil tussen Soulmates en Tweelingzielen (Gechanneld)

Soulmates en Tweelingzielen zijn heel *verschillende dingen*, en is niet iets wat je met elkaar moet vergelijken. Vandaag de dag gebruiken veel mensen deze termen door elkaar om een zeer heerlijke en rijke relatie te beschrijven, maar dit zijn twee totaal verschillende concepten.

Relaties met soulmates zijn niet bedoeld om intieme romantische relaties te zijn. Een soulmate kan je kind, ouder, goede vriend, coach, buurman, leraar, of speciale vriend zijn. Soulmates zijn niet bedoeld om voor altijd in je eeuwige leven te zijn. Het zijn unieke broers of zussen in God die *dichtbij jou resoneren op een bepaald moment in je eeuwige levensreis*. Uiteindelijk zullen bijna alle soulmates van je weggaan en nieuwe soulmates zullen hun plaats innemen.

Je zult niet altijd dezelfde keuzes maken als de mensen om je heen, en dus zul je uiteindelijk niet langer in harmonie met elkaar resoneren, en zul je je eigen weg gaan in je eeuwige bestaan.

Soms verwarren mensen een soulmate met iemand waar je een romantische relatie mee hebt. Misschien was hij of zij je echtgenoot in een vorig leven, of je echtgenoot in vele vorige levens. Dat is oké, maar het betekent niet dat ze gecreëerd zijn om je echtgenoot te *zijn*. **Zij zijn slechts een plaatsvervanger voor je eeuwige echtgenoot,** je Tweelingziel.

Er kwam een studente bij ons die één van die zogenaamde „zeer speciale" relatie met een soulmate had. Ze was al een aantal levens getrouwd met een soulmate, en het leek een heel stabiele, comfortabele, gemakkelijke relatie te zijn. Shaleia gebruikte een krachtig instrument dat zij ontwikkelde genaamd de *Romance Analysis Multi-Reading* om deze relatie met een soulmate te beoordelen; en de romantiek was flinterdun, eigenlijk was het een complete illusie. Ze werkten alleen „goed" omdat ze beiden bang waren om bij hun eigen Tweelingziel te zijn. Toen de angst echter oploste door haar krachtige kristalheldere keuze om alleen bij haar ware Tweelingziel te zijn, verdween ook hun valse romantiek.

Shaleia bekeek vervolgens de Tweelingzieleenheid van dezelfde cliënt via haar *Romance Analyse Multi-Reading*, en de romantiek was buitengewoon diepgaand. De studente liet de relatie met de soulmate snel en volledig los, die haar blokkeerde om haar Tweelingziel te ontmoeten, en haar Tweelingziel verscheen bijna onmiddellijk. Ze is *veel meer* tevreden met haar Tweelingziel dan met haar speciale soulmate.

Er zijn maar weinig mensen die zo'n soulmate hebben, maar iedereen heeft een Tweelingziel. Soulmates zijn een tijdelijke illusie van romantiek die uiteindelijk niet blijft duren, en maar weinig mensen meemaken. Soulmates zijn niet de beste of meest aan te bevelen romantiek die je kunt hebben, want zij zijn niet voor jou ontworpen als Ultieme Geliefde, je Perfecte Goddelijke Complement, je Tweelingziel.

Tweelingzielen zijn Goddelijke wederhelften van een grotere zielblauwdruk. Tweelingzielen zijn volledig op zichzelf, maar in alle opzichten met elkaar verbonden. Tweelingzielen komen over het algemeen in paren, maar God kan ervoor kiezen om er meer te creëren, waaronder maximaal zeven Tweelingzielen in één Eenheid. God schept niet meer dan zeven. Hij zegt ons dat het niet leuk is boven de zeven.

Een Tweelingziel komt voort uit de Grote Centrale Zon (God). De Grote Centrale Zon strekt zijn Stralen uit (Tweelingzieleenheden), en deze Stralen concentreren zich dan in een Vlam. Dus, twee of meer Vlammen splitsen zich van één Straal.

Wanneer Tweelingzielen zich herstellen van afscheidingsbewustzijn om een volledige straal te vormen, wordt een *veel diepere* liefde ervaren. De energie die door- en tussen deze zielen kan worden uitgedrukt, is enorm. Alles wat zij samen ervaren in hun leven wordt versterkt. Liefde, pijn, emotie, opwinding, angst, alle uitingen en ervaringen worden versterkt in het leven van verenigde Tweelingzielen.

Dit is waarom het in het begin zo moeilijk kan zijn voor Tweelingzielen om samen te zijn. Als zij zichzelf niet genoeg van hun afscheidingsbewustzijn hebben geheeld om individueel in evenwicht te zijn, versterkt het erbij halen van hun Tweelingziel het conflict dat zij al ervaren. Sommige Tweelingzielen ervaren een enorme snelle groei en enorme ophef en conflict. Andere Tweelingzielen kunnen enorme liefde en vrede ervaren. Het hangt allemaal af van hoe je innerlijk ervoor staat wanneer je je Tweelingziel ontmoet.

Doe simpelweg de Spiegeloefening om jouw afscheidingsbewustzijn en keuzes op te ruimen, en onvermijdelijk zul je een enorme liefde ervaren voor jouw eeuwige leven met je Tweelingziel.

# Hoofdstuk 9

## *Tweelingzielen:*
*Goddelijke Vrouwelijke en Goddelijke Mannelijke Complementen*

Er zijn twee polariteiten in Tweelingzielen en je bent ofwel de één of de ander. Ofwel ben je 100 procent mannelijk in je kern, ofwel ben je 100 procent vrouwelijk in je kern. Deze twee energieën zijn statisch in die zin dat ze voor eeuwig als deze polariteit blijven vanaf het moment van je creatie.

Tweelingzielparen zijn altijd een mannelijke en een vrouwelijke polariteit, er is geen uitzondering. God heeft ons zo gecreëerd omdat God zowel mannelijk als vrouwelijk is, en omdat de verbondenheid van deze twee energieën *zo* sappig is.

De mannelijke energie is een gevende, binnentredende energie. Hij drukt zich vanuit zichzelf uit in het vrouwelijke. Hij verlangt ernaar zich liefdevol uit te drukken in alles waar hij zijn aandacht op vestigt. Het mannelijke is een prachtige aanvulling op het vrouwelijke.

De vrouwelijke energie is een ontvangende, overvloedig overvloeiende energie. Zij verlangt ernaar het mannelijke te ontvangen en moedigt het mannelijke aan meer te geven. Hoe meer het mannelijke geeft, hoe meer zij in hem overvloeit en hem zo energie geeft. Deze twee energieën samen zijn ongelooflijk sappig en uiterst krachtig. Ze ondersteunen en moedigen elkaar enorm aan.

Als het mannelijke blokkades heeft om lief te hebben, kan de aanmoediging van het vrouwelijke hem helpen om terug te keren naar een plek van liefde geven. Als het vrouwelijke blokkades heeft om lief te hebben, kan het mannelijke haar helpen deze blokkades op te ruimen door van haar te houden. De samenkomst is een goddelijk wonder en een buitengewoon mooie schepping van God.

Eén van de manieren om uit te vinden of je de Goddelijke Vrouwelijke of de Goddelijke Mannelijke Tweelingziel bent, is door te begrijpen hoe je je het beste tot de wereld verhoudt. Relateer je via vrouwelijkheid? Of mannelijkheid? Je kunt ook tot hetzelfde antwoord komen door te begrijpen hoe je graag seks hebt. *Ontvang* je graag seks (vrouwelijk)? Of *geef* je graag seks (mannelijk)? Het maakt niet uit hoe jouw manier van vrijen er aan de buitenkant uitziet, want het gaat helemaal niet om de seksuele techniek, maar eerder hoe je seks voelt en ervaart op de innerlijke niveaus van je bewustzijn en wezen.

Zijn alle Tweelingzielen mannelijke en vrouwelijke paren? Op Aarde, natuurlijk niet! We hebben vandaag de dag veel LHBTI+-mensen op de planeet die samen zijn met hun Tweelingziel van hetzelfde geslacht of een andere geslachtsidentificatie. Alleen omdat iemand zich identificeert als een bepaald geslacht betekent het niet dat dit de Waarheid van hun Wezen is. Alleen omdat iemand geboren is in een mannelijk of vrouwelijk lichaam betekent het niet dat dit ook de Waarheid van hun Wezen is.

Besteed een beetje tijd aan het onderzoeken van mensen, en je zult ontdekken dat er veel mensen in mannelijke lichamen zijn die zich als vrouw identificeren, ondanks dat ze mannelijke genitaliën hebben. Er zijn zoveel mensen in vrouwelijke lichamen die zich identificeren als man, ook al hebben ze vrouwelijke genitaliën.

Dit komt door een verwarring van identificatie. Alle LHBTI+-mensen die deze verschijnselen van genderidentificatie ervaren, ervaren in verschillende mate dezelfde innerlijke verwarring. Veel van deze mensen ervaren dit, en toch doen ze fantastisch werk door te ontdekken wie ze van binnen werkelijk zijn, en dit tot uitdrukking te brengen.

Het is belangrijk te onthouden dat er slechts twee polariteiten zijn, en dus zal uiteindelijk iedereen zich identificeren met de Waarheid van hun Zijn. Ze zijn ofwel mannelijk ofwel vrouwelijk. Uiteindelijk zijn er slechts twee verschillende soorten geschikte lichamen voor ieder mens om hun Goddelijke Waarheid in te ervaren: mannelijk en vrouwelijk. Dit is omdat het fysieke lichaam niet zomaar een omhulsel is waar een ziel "toevallig" in geplaatst wordt, maar deze hoge, intelligente en doelbewust ontworpen fysieke Aardse lichamen zijn gecreëerd om de ware en authentieke expressie van wie je werkelijk van binnen bent te eren en uit te stralen, als ofwel de Goddelijke Mannelijke Tweelingziel ofwel de Goddelijke Vrouwelijke Tweelingziel.

Maar alleen omdat je een vrouwelijke energie bent in een mannelijk lichaam betekent dat nog niet dat je onmiddellijk chirurgische correctie voor je ervaring moet zoeken. Het is *essentieel* voor je om jezelf liefdevol te accepteren zoals je nu bent, en om je Tweelingziel liefdevol te accepteren zoals ze nu zijn.

In Goddelijke Waarheid kun je gemakkelijk je lichaam transformeren naar het lichaam dat het meest geschikt is voor jouw polariteit. Ons lichaam bestaat voor het grootste deel uit water. Water kan gemakkelijk stromen en veranderen. Wees hieraan herinnerd wanneer je van streek bent over je lichaam. Je lichaam is een verlengstuk van je Wezen. Het is niet je Wezen, het is een *verlengstuk van je Wezen*. Ergens onderweg heb je keuzes gemaakt om je lichaam om te vormen tot iets anders dan je oorspronkelijke creatie. Je deed dit vooral omdat je dacht dat het leuk zou zijn om dit idee te verkennen, en zoveel anderen leken zich ook te vermaken met het verkennen van dit idee.

Maar, als je een mannelijke energie bent die zich uitdrukt als een mannelijke energie, dan is deze uitdrukking wat uiteindelijk voor jou het *sappigst* zal aanvoelen. Het is een gedachte van afscheiding dat je meer plezier zou kunnen hebben jezelf uit te drukken op manieren waarvoor God je niet gecreëerd heeft.

Onthoud, wat je op dit moment ook ervaart, dat is absoluut oké. Hoe je je ook identificeert, dat is absoluut oké en er is geen druk om op wat voor manier dan ook te veranderen. Als er iets is wat ons globale bewustzijn hopelijk heeft geleerd in deze tijd door de

LHBTI+-beweging, is het onvoorwaardelijke acceptatie en respect van jezelf en anderen, ongeacht waar ze voor kiezen.

We verwachten niet dat je op wat voor manier dan ook verandert, maar we vinden het wel belangrijk om de zeer eenvoudige Waarheid van je Zijn duidelijk te communiceren. Dit is geen boek over ontdekken welke polariteit je op een dieper niveau bent, maar doorzoek je hart en je ervaringen als je niet zeker bent. Je kunt onderzoeken en experimenteren, nieuwe dingen proberen, ontdekken wie je werkelijk van binnen bent.

Uiteindelijk maakt het niet uit wat een ander denkt, zegt, doet, of kiest, je moet tevreden en gelukkig zijn met jezelf. Je moet je goed voelen over jezelf en je keuzes, en niemand anders mag daar iets over te zeggen hebben. Uiteindelijk ben jij het, en jij alleen, met wie je tot in de eeuwigheid samen zult zijn; en de gedachten, keuzes en woorden van anderen zouden geen enkele invloed moeten hebben op hoe jij omgaat met je relatie met en tot jezelf.

Probeer echter altijd je Ware Zelf van binnen te eren, en je zult altijd totale vrede, vreugde, tevredenheid en zelfacceptatie vinden tot in de eeuwigheid. Door jezelf te eren, kun je het makkelijkste bij je Tweelingziel zijn. Door jezelf volledig te accepteren en van jezelf te houden zoals je nu bent, zul je onmiskenbare vreugde, vrede en acceptatie vinden van je Tweelingziel en je Eenheid. Kies ervoor om jezelf volledig te eren, en daar zul je altijd liefde vinden.

# Hoofdstuk 10

## *Colby en Keely's Tweelingziel-liefdesverhaal*

**De Eerste Ontmoeting**
*Februari 2017*

<u>Colby</u>

We wilden ons openstellen, maar we voelden ons bang. Er was zoveel dat mis kon gaan en zoveel dat in het verleden mis was gegaan. Hoe konden we plotseling verliefd worden en een perfect leven hebben? Hoe konden al onze problemen in één ogenblik opgelost worden? Het sloeg nergens op. En toch, daar stonden we dan, elkaar in de ogen kijkend, wetend dat dit was waar we ons hele leven naar hadden gezocht.

We waren beiden onzeker over waar deze geweldige persoon vandaan kwam. We ontmoetten elkaar, onwennig, achter de toonbank van de slager in onze plaatselijke supermarkt.

De volgende dag, merkte ik dat ik een onmiskenbare drang had om bij haar in de buurt te zijn. Ik wilde met haar praten en haar leren kennen. Dus, elke kans die ik kreeg, was ik in haar werkruimte, waar ik haar werk voor haar deed, zodat ze de ruimte had om haar leven met mij te delen.

We spraken over alles. Politiek, spiritualiteit, klimaatverandering, muziek, ons verleden, onze huidige relaties, onze jeugd. Het gesprek vloeide terwijl we iedere golf van onze passie voor elkaar opvingen.

Het duurde niet lang voordat onze gesprekken tot diep in de nacht doorgingen. Keely bood me een lift naar huis aan op het einde van onze dienst en ik accepteerde het onmiddellijk. Dit werd al snel een trend.

## **Keely**

De muren rond mijn hart smolten onmiddellijk als hij in de buurt was. Hij werd heel snel en plotseling mijn dichtbijstaande vertrouwenspersoon. Het viel me op hoe natuurlijk en gemakkelijk onze relatie aanvoelde. Ik kon met Colby over van alles en nog wat praten. Geen onderwerp was verboden terrein. Zelfs mijn gepassioneerde tirade over man-vrouw en seksuele gelijkheid kon deze man niet afschrikken. Ik was vereerd.

Ik kon hem recht in mijn ziel voelen staren wanneer we spraken. Hij zag alles aan me en dat maakte me een beetje bang. Ik probeerde hem op een afstand te houden, maar Colby zag voorbij mijn angst. Hij was volhardend.

Ik wist altijd wanneer Colby aan het werk was. Hij was niet bang om gehoord te worden. Zijn luide, dreunende stem galmde door de betonnen muren.

Ik kon hem niet uit mijn hoofd zetten, ook al probeerde ik het. Iets in mij wist dat mijn leven voor altijd zou veranderen door onze relatie.

Colby voelde op de één of andere manier aan wanneer ik klaar was met werken, zelfs als ik niet op zijn afdeling werkte. Hij zocht naar me in de gangpaden van de supermarkt omdat hij wist dat ik graag een kleine boodschap deed na mijn dienst.

Toen hij me vond, deed ik nonchalant, alsof ik nog niet aan hem gedacht had. Hij staarde onverschrokken in mijn ogen met volledige focus. Ik had geen andere keuze dan me over te geven aan zijn liefde. Hij was weg van mij en het was wederzijds.

De tijd stond stil als we samen waren. De geluiden en beelden om ons heen vervaagden terwijl we spraken over onze dagen, ons favoriete eten en drinken. Meestal vroeg een klant hem om hulp en dat deed ons gesprek beëindigen. Ik ging terug naar de kassa met Colby's aanwezigheid nog steeds in mijn gedachten.

## Colby

Elke keer als ik op de vleesafdeling kwam, keek ik of Keely er was. Zij deed hetzelfde. We waren ons volledig bewust van wat er in ieder van ons gebeurde. We waren alleen terughoudend om het toe te geven.

Naarmate de maand vorderde, realiseerden we ons allebei dat onze huidige relaties gedoemd waren. Ik had een verloofde en een éénjarig kind thuis. Ik liet lagen van schaamte en schuldgevoel los toen ik mijn hart volgde naar Keely. Niets kon me overtuigen om haar te laten gaan. Onze relatie voelde te goed om het te laten schieten.

**Eeuwige Liefde Claimen**
*April 2017*

<u>Colby</u>

Keely was de eerste bij wie ik me volledig geaccepteerd voelde. We deelden dezelfde interesses, dromen en kijk op het leven. Ze had alles wat ik ooit in een vrouw had gewild en meer. Ze moedigde me aan om mijn dromen te volgen en sprak op een manier die vertrouwd aanvoelde.

Gedurende de weken, voelde mijn verloofde een verandering in mij. Ik was voor het eerst sinds lange tijd gelukkig. Ik zei eindelijk „nee" tegen ellende en „ja" tegen liefde. Toen ze zich realiseerde dat ze me niet langer kon controleren, ging ze weg. Uit elkaar gaan was het meest compassievolle om te doen. We waren niet gecreëerd als eeuwige geliefden en dat wisten we allebei. Hoe hard we het ook probeerden, onze relatie was niet voorbestemd om stand te blijven houden.

## **Keely**

Ik had zware problemen met mijn vriend met wie ik samenwoonde. Ik begon online naar antwoorden te zoeken om ons falende relatie te redden. Toen kwam ik „Tweelingzielen" tegen. Ik herinnerde me dat ik het jaar daarvoor Tweelingzielvideo's had gezien. Ik dacht: Misschien zijn wij Tweelingzielen? Volgens de video's hoefde ik alleen maar te wachten en uiteindelijk zou hij wel bij mij komen.

Ik gaf hem de ruimte en richtte mijn aandacht meer op mezelf en mijn eigen geluk. Ik wilde niet wachten om me goed te voelen. Terwijl ik van mezelf bleef houden, zagen we elkaar nauwelijks. We waren meer huisgenoten dan vriend-vriendin. Ik bleef kijken naar Tweelingzielvideo's op YouTube en een helderziende verzekerde me dat tegen het einde van de maand, mijn man zou terugkeren.

Het einde van de maand kwam in zicht en onze relatie voelde alleen maar slechter aan. Ik realiseerde me dat ik vasthield aan verwachtingen van wat ik dacht dat onze relatie was. Ik koos ervoor om mijn verwachtingen te laten varen en onvoorwaardelijk van hem te houden. Ik ging er helemaal voor en ik claimde hem. Onze relatie voelde daarna nog slechter aan.

*Mijn „vriendschappelijke" relatie met Colby voelde zoveel beter.*

Hoe meer ik van mezelf hield en mezelf onvoorwaardelijk accepteerde, hoe minder mijn vriend bij me wilde zijn. Toen drong het tot me door. Ik hield meer van mezelf dan mijn vriend van mij hield. Die avond maakte ik het uit en koos ik ervoor om mijn

Tweelingziel te claimen. Ik wist dat hij er was. Het maakte me niet uit wie het was, in welk lichaam hij zat of hoe oud hij was. Ik wilde alleen maar een gezonde, liefdevolle relatie. Ik was klaar met gescheidenheid.

## **Colby**

Ik zat buiten en at mijn burrito op tijdens de lunchpauze van mijn werk, toen ik Keely mijn kant op zag lopen. Ze had haar werkschoenen aan met een zwarte spijkerbroek en haar kleine zwarte REI rugzak. Haar haren waren weggestopt onder haar muts. Ze zag er schattig uit.

Toen haar ogen de mijne vonden, lichtte haar gezicht op in een glimlach. Ze stopte bij mijn tafel om te praten.

„Hoe gaat het met je?" vroeg Keely.

„Uhm, het was interessant. Ik laat deze dagen veel angst los," antwoordde ik.

Keely keek me onderzoekend aan. „Mhmm," antwoordde ze.

„Hoe gaat het met jou?" vroeg ik.

„Met mij gaat het geweldig! Mijn vriend en ik zijn net uit elkaar en ik voel me vrij. Ik besefte hoezeer ik mezelf had tegengehouden om mijn leven te leven," antwoordde Keely.

„Wow. Mijn verloofde en ik zijn ook net uit elkaar," antwoordde ik met een grote glimlach op mijn gezicht.

„Oh wow," zei Keely met een verbijsterde blik op haar gezicht.

Ondanks onze pogingen om onze relaties met andere mensen te onderhouden, vielen ze uit elkaar. Op hetzelfde moment. En nu waren we allebei beschikbaar. Het was tijd om mijn stap te zetten.

**Onze Eerste Date**
*Mei 2017*

## Keely

Ik was aan het werk in de laad- en losplaats toen Colby buiten voor mijn kantoor opdook. Ik was naar spirituele video's aan het luisteren toen hij aankwam.

Ik bloosde en trok mijn oordopjes uit zodat ik hem kon horen.

We raakten aan de praat zoals we altijd deden, en het gesprek ging over onze toekomst. Mijn huurcontract liep aan het eind van de maand af en ik was van plan mijn baan op te zeggen en te leven van het geld dat ik gespaard had tot ik iets anders bedacht had.

„Je bent nooit alleen," flapte Colby eruit.

Zijn woorden raakten me recht in mijn hart. Tranen begonnen zich in mijn ogen te vormen. Hij meende dat met heel zijn wezen.

„Dank je," antwoordde ik. „Dat betekent veel voor me."

„Het is waar. Als je ooit iets nodig hebt, ben ik hier," zei Colby. De tijd leek stil te staan.

„Hé," zei Colby met een glinstering in zijn ogen. „Wil je bij mij thuis langskomen en wat rondhangen?"

Voordat ik ook maar kon nadenken, zei ik: „Ja! Dat zou ik leuk vinden."

### Colby

Toen ze aankwam, was ik mijn dochter naar bed aan het brengen. Keely wachtte geduldig in de woonkamer tot ik klaar was.

Ik was erg blij haar te zien. Ik wist dat dit belangrijk was en dat ik eindelijk bij de vrouw was die ik echt wilde. Ik nodigde haar uit in de achtertuin.

Snel verzamelde ik hout en stookte een vuurtje. De vlammen begonnen te branden terwijl we in het vuur keken. De schemerige hemel verlichtte zachtjes onze gezichten terwijl de zon onder de horizon zakte.

De energie die door ons heen stroomde was opwindend. We bleven gesprekken voeren zoals we gewend waren. Er was geen misverstand over de verbinding die we beiden voelden. Iets diep in ons beiden was ontwaakt en stak de kop op. We konden niets anders doen dan dichter bij elkaar blijven komen.

## **Keely**

Naarmate de nacht vorderde, kon ik mijn gevoelens voor Colby niet langer ontkennen. Hij was degene naar wie ik op zoek was, en hij was hier al die tijd geweest. Ik las hem zijn geboortehoroscoop voor en sprak met hem over spiritualiteit. Hij keek me aan met liefde in zijn ogen. Dat is wanneer hij voorover leunde en vroeg of hij me mocht kussen.

Ik zei, „Ja!" ondanks mijn zenuwen. Toen onze lippen elkaar ontmoetten, voelde ik een diepe golf van energie in me opkomen. Onze eerste kus was opwindend, maar toch vredig. Het voelde gewoon *precies goed*. De angst verdween uit mijn systeem toen ik besefte wie Colby voor me was. Hij was mijn Tweelingziel.

Colby keek me aan met een grijns op zijn gezicht en vroeg of ik zin had in een wandeling. Ik stemde snel toe. We hielden elkaars hand vast terwijl we door de rustige buurt rond zijn huis liepen. Ik staarde omhoog naar de sterren die boven ons fonkelden. Terwijl we liepen, stopte Colby bij elke boom en sprak er tegen. Hij vertelde de boom hoe mooi hij was en hoe dankbaar hij was voor zijn aanwezigheid in ons leven.

In het begin schaamde ik me een beetje. Ik was nog nooit met iemand geweest die zo onbevreesd was om zichzelf te zijn. Ik liet mijn angst om gezien te worden los. Ook ik, deelde een diepe liefde voor de natuur en ik vond zijn relatie met bomen vertederend. Hij hield van de bomen en was niet bang om het te laten zien.

De week daarna was puur geluk. We waren uit het leven ontsnapt dat we kenden en in een andere realiteit terechtgekomen. Naarmate we meer tijd samen doorbrachten, begon zich een sublieme verbinding met het hele Universum te openbaren.

Dag in, dag uit, waren we samen. We zweefden op een wolk, onze problemen ver achter ons latend. We wisten dat dit de plek was waar we wilden zijn. We wisten dat we bij elkaar hoorden.

Aan het eind van de week bespraken we hoe we zouden gaan samenwonen. We hadden plannen om een heilzaam retraitecentrum te beginnen; we zouden het landschap ontwerpen volgens de principes van permacultuur en meditaties en discussies houden om te helpen met emotionele trauma.

Het voelde alsof alles op zijn plaats viel, maar er ontbrak iets wezenlijks. We hadden niet de helende basis die we nodig hadden om onze dromen te manifesteren.

**Afscheiding**
*Juni 2017*

**Keely**

Toen kwamen we weer in de wereld die we eerder hadden gekend. We raakten weer betrokken met de mensen waar we relaties mee hadden. Colby's vrienden en familie waren op hun hoede voor onze verbinding. Angst begon zich te tonen. Twijfel begon in onze gedachten te kruipen. En we stonden het toe om het te laten woekeren. Was dit gewoon weer zo'n „te mooi om waar te zijn" tragisch liefdesverhaal zoals al die anderen?

## Colby

Het maakt niet echt uit wat het was dat ons uit elkaar dreef. De details doen er nooit echt toe. Het enige dat telt is de keuze tussen liefde en angst. Op dit moment, kozen we voor angst.

Ondanks alle glorie van onze vriendschap en de diepte van de gevoelens die we voor elkaar hadden, gingen we uit elkaar. Keely stapte in haar auto en reed weg. En ik koos ervoor om niet voor haar te vechten. We lieten onze dromen aan ons voorbij gaan.

We spraken elkaar nog een korte tijd nadat Keely Portland verliet voor haar woonplaats in Massachusetts. Dit liep niet goed af, omdat we geloofden dat we een fundamenteel meningsverschil hadden. We spraken elkaar een paar maanden niet meer.

## Keely

De keuze om mijn man te verlaten was de slechtste beslissing die ik ooit heb genomen. Ik was me er niet bewust van wat deze relatie echt betekende en ik probeerde het te behandelen als elke andere relatie. Ik heb diepe compassie voor mezelf hier. Ik dacht dat ik over Colby heen kon komen door mezelf af te leiden met een drie maanden durende roadtrip langs de West Coast. Wat ik leerde is dat ik hem absoluut niet uit mijn hart en ziel kon krijgen. Ik leerde ook dat ik niet boos op hem kon blijven.

**Lessen Geleerd**
*Augustus 2017*

<u>Keely</u>

Hoe verder ik reed, hoe slechter ik me geestelijk, lichamelijk en emotioneel voelde. Uiteindelijk werden mijn gezondheidstoestanden zo slecht dat ik nauwelijks nog basistaken kon uitvoeren. In mijn eentje in mijn auto wonen was niet langer een optie. Mijn ouders boden me aan om bij hen te verblijven. Ik was blij dat ik een stabiele verblijfplaats had waar ik kon herstellen en de medische hulp kon krijgen die ik nodig had.

Kort nadat ik bij mijn ouders was aangekomen, spraken Colby en ik elkaar weer. Na ons telefoongesprek werd ik getroffen door een golf van verdriet toen ik me realiseerde hoe schijnbaar ver we van elkaar verwijderd waren... Ik voelde me leeg van binnen. Ik wist dat we samen moesten zijn, maar ik wist niet zeker hoe.

Ik werd gewezen op de olifant in de kamer: mijn lichamelijke gezondheid. Ik had mezelf de laatste maanden zo ernstig uitgeput dat mijn lichaam niet meer in balans was. Ik kon mijn voedsel niet meer verteren zonder pijn, een opgeblazen gevoel en dagenlange verstopping. Ik ging naar een voedingsdeskundige en kwam er na een allergietest achter dat ik allergisch was voor bijna al het voedsel dat ik at. Ik was bang voor voedsel en voelde me hopeloos. Ik wist dat ik mijn gezondheid op orde moest krijgen als ik terug naar Portland wilde gaan om bij Colby te zijn.

De volgende maanden probeerde ik allerlei „remedies" tegen de pijn, zoals het elimineren van suiker, vlees, zuivel en alle bewerkte voedingsmiddelen. Ik begon meerdere keren per dag medicinale cannabis te roken om de pijn te verlichten, maar realiseerde me al snel dat dit niet de oplossing was. Ik wilde niet afhankelijk zijn van cannabis. Wat zou er gebeuren als alle cannabis op was? Wat zou ik dan doen? Ik dacht bij mezelf: „Er moet een andere manier zijn. Er moet een betere manier zijn om mijn leven te leven."

**Onze Leraren Vinden**
*April 2018*

**<u>Keely</u>**

Ik stopte met roken en begon weer te voelen. Dingen die ik had geprobeerd te onderdrukken kwamen naar boven. Eén van die dingen was mijn diepe en ondenkbare verlangen om bij mijn Tweelingziel te zijn. Ik kwam eindelijk uit de mist en in het besef dat ik genoeg had van het contrast. Op dat moment koos ik voor geluk. Toen vond ik Jeff en Shaleia op YouTube. Ze voor de eerste keer op YouTube zien was een moment dat ik nooit zal vergeten. Mijn hele bewustzijn gonsde van herkenning van wie zij voor mij waren. Ik had het gevoel dat ik ze al eeuwig kende.

„Zij zijn mijn leraren," zei ik in mijn hart.

Ik begon al hun gratis materiaal in een marathon te kijken. Ik keek toe hoe Jeff en Shaleia het leven leidden dat ik een paar maanden geleden nog maar net had geproefd. Ik was vastbesloten om alles te leren wat ze me te leren hadden.

Wanneer ik me bijzonder depressief of hopeloos voelde, koos ik een YouTube-video van het kanaal van Jeff en Shaleia, krulde me op onder een deken en liet hun woorden mijn ziel kalmeren. Hun video's waren zo anders dan de andere Tweelingziel „leraren" die er zijn. Jeff en Shaleia wisten iets dat deze zogenaamde leraren niet wisten.

In een bepaalde video herinner ik me dat ik Jeff en Shaleia hoorde praten over hoe één van de sleutels tot het samenkomen met je tweelingziel, het herkennen van je éénheid met God is. Deze verklaring raakte diep in mijn ziel een gevoelige snaar. Ik had een flashback naar mijn tijd met Colby en hoe vredig ik me voelde. In die tijd herkende ik een hogere macht van perfectie die door alles in en om mij heen liep. Ik noemde deze kracht het Universum, Gaia en Moeder Aarde. Toen ik Jeff en Shaleia over God hoorde praten, realiseerde ik me dat ik eigenlijk al de hele tijd met Hem aan het praten was!

Ik groeide niet religieus op. Mijn moeder was enigszins spiritueel en geloofde in een leven na de dood en mijn vader was een atheïst. „God" was geen term waarmee ik bekend was. Toen ik opgroeide, was ik jaloers op mijn vrienden die aan religie deden en bij speciale gelegenheden in hun kerk samenkwamen. Het saamhorigheidsgevoel was altijd iets waar ik naar verlangde.

In een andere video adverteerden Jeff en Shaleia hun school voor Tweelingzielen en de Facebookgroep. Ik sloot me onmiddellijk aan bij hun Facebookgroep en ontdekte dat ik lid kon worden van Twin Flame Ascension School en Life Purpose Class voor slechts een paar honderd dollar per maand. Ik had net genoeg geld om voor beide maandelijkse lidmaatschappen te betalen. Ik wist in mijn hart dat dit de oplossing was waar ik naar op zoek was.

Er was geen greintje twijfel in mijn hoofd. Mijn hele wezen wist het. Ik begon de lessen van Jeff en Shaleia en de Spiegeloefening dagelijks te bestuderen. Mijn wekelijkse discussiegroep was iets waar ik elke week naar uitkeek. Ik voelde me eindelijk begrepen.

Het verschil dat deze gemeenschap op mijn reis maakte was alles. Ik was in staat om met echte mensen te praten over wat ik meemaakte zonder oordeel. Niet alleen dat, maar ze boden me ook echte, gefundeerde oplossingen voor al mijn problemen. Dingen in mijn leven begonnen snel te veranderen toen ik voor de eerste keer leerde van mezelf te houden.

**Opnieuw Contact**
*Juni 2018*

<u>**Keely**</u>

Mijn gezondheid verbeterde sterk toen ik mijn gevoelens voelde en me opnieuw met mijn lichaam verbond na jaren van misbruik. Ik woonde een lichaamshelingsessie bij en we heelden de kern van mijn spijsverteringsproblemen. Voor de eerste keer in mijn leven stond ik mezelf toe te eten wat ik wilde en had geen nadelige effecten. Mijn spijsvertering is nu beter dan het ooit in mijn hele leven is geweest.

Drie maanden gingen voorbij en ik voelde me elke dag beter en beter. Ik voelde voor het eerst echte vrede en ik begon een liefdevolle relatie met God te ontwikkelen. Het was God die me naar Colby bracht en het was God die me de oplossing voor mijn verlangens bracht: Jeff en Shaleia.

Alles voelde lichter. Zelfs mijn familierelaties verbeterden. Ik spiegelde mijn eerdere conflicten met Colby en koos elke keer voor de waarheid. Ik vergaf mezelf omdat ik Colby had verlaten en koos in plaats daarvan voor compassie voor ons. Alles ging zo goed. Dat is wanneer God me vertelde dat het tijd was om Colby te benaderen.

Ik verzette me bijna, uit angst. Maar toen besloot ik voor liefde te kiezen. Ik koos ervoor om God te vertrouwen en met Gods leiding stuurde ik Colby een zeven minuten durende stemopname via e-mail om hem op de hoogte te houden van mijn leven en diepere bewustzijn. Ik heb de keuze gemaakt om God toe te staan door mij te spreken.

Ik vertelde Colby dat ik van hem hield en dat ik nog steeds aan hem dacht. Hij reageerde vier uur later met een e-mail. Één van mijn favoriete dingen die hij in zijn antwoord zei was: „Ik kan je vredige stilte in je stem horen. Het is onmiskenbaar en verfrissend. Goed gedaan." Ik was erg blij dat hij mijn spirituele vooruitgang opmerkte. We waren het er allebei over eens dat een telefoongesprek een goede volgende stap zou zijn.

## Colby

Wanneer het tijd werd voor Keely en mij om te praten aan de telefoon, nam ze niet op. Ik belde een paar keer, maar haar telefoon ging direct naar de voicemail. „Ze heeft me laten zitten," dacht ik bij mezelf. Ik was gewend om zo behandeld te worden door andere mensen, maar ik was verbaasd om dit te ervaren met Keely. Het leek niets voor haar om zoiets te doen. Ik koos ervoor om mijn gevoelens te verwerken en dacht dat er een goede verklaring voor moest zijn.

## Keely

Ik was nerveus voor mijn „telefoondate" met Colby. Ik koos ervoor om mezelf van te voren te romantiseren om mijn zenuwen te kalmeren en me verbonden te voelen met God. Ik koos ervoor om me te kleden in een mooie jurk met bloemenprint en mijn haar en make-up te doen. Ik zat op mijn stoel en keek uit het raam terwijl onze afgesproken tijd snel naderde.

Enkele minuten verstreken en ik had nog geen telefoontje van Colby ontvangen. Ik voelde een lichte paniek in me opkomen. „Oh nee... hij zal wel niet in mij geïnteresseerd zijn," dacht ik bij mezelf. Maar toen begon ik mijn conflict te spiegelen. Ik koos ervoor om het deel van mij dat zich verlaten en gekwetst voelde lief te hebben. God heeft me nooit verlaten. Hij is altijd hier. Een uur ging voorbij en nog steeds geen telefoontje van Colby.

Uiteindelijk sloop ik naar beneden, naar de woonkamer. Mijn zus, Marlee, wachtte op nieuws. Ik vertelde haar wat er gebeurd was en ze vroeg kalm: „Weet je zeker dat hij niet geblokkeerd is op je telefoon?"

„Natuurlijk niet," antwoordde ik. „Ik heb hem maanden geleden al gedeblokkeerd."

Marlee keek me aan, nog steeds vragend met haar ogen. „Misschien moet je even dubbelchecken," zei ze.

„Oké, ik zal het controleren, maar dat is onmogelijk..." Ik dwaalde af in verbijstering toen ik zag dat Colby inderdaad nog steeds geblokkeerd was op mijn telefoon. Ik drukte op de deblokkeerknop en toen werd mijn telefoon overspoeld met oude voicemails en sms'jes van Colby van de afgelopen maanden. Die hele tijd dat ik dacht dat hij niets met me te maken wilde hebben, was eigenlijk gewoon mijn eigen angst om geliefd te zijn.

Terug in het begin van 2018, voelde ik me zo wanhopig voor contact met Colby dat ik hem uiteindelijk blokkeerde op mijn telefoon, zodat ik niet in de verleiding zou komen om hem behoeftige en irritante berichten te sturen. Ik zweerde dat ik hem al in April had gedeblokkeerd, maar blijkbaar niet!

Ik sms'te Colby onmiddellijk mijn verontschuldigingen en zei hem dat ik nu beschikbaar was om met hem te praten. Hij antwoordde meteen en nam mijn telefoontje aan.

## Colby

Toen Keely en ik elkaar voor het eerst in maanden aan de telefoon spraken, voelde ik me heel vredig en geaard. Hoewel ik me eerder gefrustreerd had gevoeld over ons misverstand, koos ik ervoor om haar te vergeven en zonder aarzeling van haar te houden. Ik kon zien dat we beiden precies deden zoals het bedoeld was. Hoewel ik de woorden niet had om het te beschrijven, wist ik dat zij mijn Tweelingziel was. Ik had een onuitwisbaar gevoel in mijn hart.

## Keely

Toen ik Colby aan de telefoon had, besloot ik een visuele meditatie met hem te doen. Ik leidde hem naar zijn hartruimte, waar ik hem hielp zich voor te stellen hoe de zwaarte van zijn hart zich begon te ontrafelen en in liefde vrij te komen. Terwijl ik hem naar zijn hart leidde, voelde ik al deze energie vanuit mijn borst omhoog gaan, naar mijn keel en dan tenslotte via mijn kruin vrijkomen. Ik begon te huilen en zei tegen Colby dat ik van hem hield. Hij zei het terug.

Later vertelde Colby me hoe overweldigd hij zich voelde door al deze spirituele veranderingen. Hij beschreef hoe hij zich de laatste maanden als in een cocon voelde en ego-dood na ego-dood beleefde. Ik maakte de keuze om compassie te hebben voor ons genezingsproces en vroeg hem of hij wilde dat ik hem door zijn conflict heen zou leiden.

Toen ik hem vroeg het deel van hem te vinden dat zich overweldigd voelde, zei hij dat hij het niet kon zien. Ik zei hem dat hij zich geen zorgen hoefde te maken, omdat ik het kon en zou helen. Ik beschreef het deel van hem dat liefde nodig had en moedigde Colby aan om daar van zichzelf te houden.

De volgende morgen vertelde Colby me hoe ik gelijk had over het conflict. Hij vroeg me om geduld met hem te hebben terwijl hij deze dingen uitzocht.

„Ik ga nergens heen," antwoordde ik.

## Colby

We spraken drie uur lang terwijl ik onder een Reuzenlevensboom zat. Ik herinner me dat ze een kaars beschreef in haar slaapkamer. De vlam was even in tweeën gespleten en smolt toen weer samen tot één. Ik wist dat dit ons lot was. Ik voelde veel bewondering toen Keely sprak over haar spirituele beoefening en de gemeenschap waar ze deel van was geworden. Keely meldde dat ze binnenkort een reis naar mijn stad zou maken en ik was erg blij bij de gedachte haar weer te zien. Ik vertelde haar dat terugkomen naar Portland een geweldig idee was.

**The Reünie**
*21 September, 2018*

### Keely

Ik ontving mijn Romance Report van Jeff en Shaleia. Het deed me versteld staan. Toen ik de gechannelde boodschap van mijn Tweelingziel las, begon ik meteen te huilen en voelde ik mijn hart opengaan. Het was veilig om me weer open te stellen voor Liefde. Wat me echt bijbleef was toen Jeff me vertelde dat ik mijn totale Ascensieproces niet onder de knie hoefde te hebben om bij mijn man te kunnen zijn. Alles wat voor mij nodig is om te slagen is om te werken aan wat er nu opkomt. Om dat te kunnen doen, zal ik mezelf moeten accepteren waar ik nu ben. Dit briljante stukje informatie was precies wat ik nodig had om me voor te bereiden op mijn mogelijke reünie met Colby.

Het plan was om met mijn zus Marlee door de VS naar Portland, OR te reizen en haar te helpen verhuizen naar haar nieuwe studentenhuis. Colby wist dat ik zou komen, maar we hadden nog geen plannen gemaakt om samen iets te gaan doen. Ik had veel angst en spanning die omhoog kwamen, maar ik herinnerde me Jeff en Shaleia's advies. Het enige wat ik hoefde te doen was mezelf accepteren. Dat was genoeg.

### Colby

Toen de tijd van Keely's komst naderde, was ik bang en voelde me zo'n diepe liefde niet waardig. Ik stuurde Keely een e-mail en zei haar dat ik haar niet kon zien omdat ik dacht dat ik het niet waard was. Ze belde me snel op en liet een bericht achter waarin ze zei dat mijn gevoelens niet klopten en dat ze er echt naar uitkeek om me te zien. Ik voelde haar liefde in haar woorden en voelde een hoop gemak in mijn lichaam binnenkomen. Ik wist dat ze gelijk had.

**Keely**

Colby's bericht maakte me eerst bang, maar ik wist dat ik alle gereedschappen had die ik nodig had om ons bewustzijn te helen. Ik riep zijn angst uit en hield van hem. Niets zou ons tegenhouden om samen te zijn.

De volgende dag pakten Marlee en ik onze koffers in de minibus van onze vader en reden naar het vliegveld. Ik moest nog zes uur vliegen voor ik Colby kon zien. Ik koos ervoor om deze tijd te gebruiken om mijn gevoelens te voelen en van mezelf te houden. Soms was de angst zo sterk dat ik het wilde opgeven, maar ik weigerde om dezelfde fout te maken die ik het jaar daarvoor had gemaakt.

Ik keerde terug naar mijn vredige staat en las passages uit Autobiografie van een Yogi en, natuurlijk, dit boek. Ik wist dat God mij de hele tijd begeleidde en dat ik niets te vrezen had. Ik koos ervoor om me aan Hem over te geven.

Later tijdens de vlucht voelde ik me geroepen om mezelf te trakteren op een kaas- en fruitschotel en een biertje. Ik had nog nooit alcohol of voedsel gekocht tijdens een vlucht en werkte door gevoelens van onwaardigheid. Ik vroeg God me door de weerstand heen te helpen en hij wees me op het boek van mijn buurman, getiteld: „The subtle art of not giving a fuck." Ik lachte en voelde de energie in mij verschuiven. God heeft een geweldig gevoel voor humor. Het was de perfecte boodschap die ik nodig had om mijn verlangen te eren om van mezelf te houden zonder angst en oordeel.

Mijn eten kwam onmiddellijk, maar mijn drankje was nergens te bekennen. Ik was er niet door van streek want ik was volkomen tevreden met het feit dat ik me eerst op mijn eten concentreerde. Na ongeveer 30 minuten kwam de stewardess bij me bij wie ik mijn bestelling had gedaan. Ik herinnerde haar aan mijn bestelling en ze verontschuldigde zich onmiddellijk. Ik kon zien dat ze zich rot voelde, dus ik verzekerde haar dat het goed was en dat ze zich geen zorgen hoefde te maken.

„Gezegend zij je hart," zei ze en ze kwam een paar minuten later terug en vertelde me dat ze me geen rekening zou sturen voor mijn aankopen om me te compenseren voor het ongemak. Ik voelde me zo geliefd en goed verzorgd. Ik hou ervan hoe God van ons houdt. Het enige wat we hoeven te doen is onze steun te claimen.

## Colby

Mijn dochter Avalyn, en ik gingen op weg om Keely te ontmoeten op het vliegveld toen haar vliegtuig landde. Ik was doodsbang toen we door het vliegveld liepen. „Ben ik goed genoeg?" bleef ik mezelf maar afvragen. Kort daarna, keek ik weer in haar mooie blauwe ogen. Haar open acceptatie deed mijn paranoia bedaren.

## **Keely**

Marlee en ik waren onze bagage aan het halen toen ik iemand hoorde roepen, „Excuseer me, juffrouw!" Ik draaide me om en zag de mooiste man ter wereld. Hij was met zijn twee jaar oude dochter, Avalyn. Ik groette hen en omhelsde toen Colby voor een lange en welverdiende knuffel. Ik voelde me „thuis". Toen haalde ik een kralenarmband met een libelle tevoorschijn die ik voor Avalyn had gemaakt. Het bleek perfect bij haar te passen.

Colby was zo lief. Hij hielp ons met al onze bagage en bood aan om ons naar onze bestemming te rijden. Toen we door het vliegveld liepen, voelde ik me zo dankbaar om in de aanwezigheid van mijn Tweelingziel te zijn. We liepen naar de roltrap en Colby liep voor ons uit met twee van onze grootste koffers. Hij keek achterom naar Avalyn en ik kon zien dat hij zich afvroeg hoe hij Avalyn mee zou kunnen nemen.

Dit was mijn teken om een stapje verder te gaan en mijn rol als zijn partner te claimen. Net toen ik de keuze had gemaakt, pakte Avalyn mijn hand en liepen we naar de roltrap, waar ik haar op hielp. Ik was nerveus. Ik wist dat Colby naar me keek. Avalyn en ik betraden met succes de roltrap terwijl Colby opgelucht toekeek.

Ik was nog steeds een beetje nerveus in de buurt van Avalyn. Ik wist niet goed hoe ik me bij haar moest gedragen. Ik had niet veel ervaring in de buurt van twee-jarigen, dus koos ik ervoor om me over te geven aan God's leiding. Ik koos ervoor om haar met heel mijn hart te claimen. Ik koos ervoor om er voor haar te zijn en haar te bemoederen precies zoals God het bedoeld had. Ik voelde me vereerd dat ik de kans kreeg om van Avalyn te houden en deel uit te maken van dit gezin.

Toen we bij Colby's auto kwamen, tilde hij al onze bagage achterin. Het voelde zo goed om op deze manier verzorgd te worden. Ik liet mijn weerstand varen toen ik ervoor koos om Gods steun te ontvangen via Colby.

Toen we naar de stad reden, zag ik zoveel nummerborden met onze initialen dat ik niet anders kon dan giechelen. Hij keek me aan met een vragende blik. We kletsten een beetje, maar we genoten vooral van elkaars aanwezigheid. Het was een onwerkelijk gevoel. Het voelde alsof er geen tijd was verstreken sinds we een jaar geleden voor het laatst samen waren, maar toch was er zoveel veranderd. Ik had de kracht van God in mijn hart en de leringen van Jeff en Shaleia als mijn gids.

We kwamen aan op onze bestemming in het centrum van Portland. Auto's en mensen gonsden om ons heen. Alle nieuwe studenten verzamelden zich rond de campus van de Portland State Universiteit en ik vroeg me af hoe we een parkeerplaats zouden kunnen vinden. Op dat moment zette een auto zijn knipperlicht aan en reed voor ons uit, een parkeerplek achterlatend. Colby en Avalyn hielpen ons al onze bagage uit te pakken en liepen met ons mee naar Marlee's kamer. Het was tijd voor Avalyn's dutje, dus we zeiden gedag en gingen uit elkaar.

Later die avond voelde ik me geroepen om afhaalmaaltijden te halen en mee te nemen naar mijn Airbnb, die maar elf minuten van Colby's huis vandaan was. God vertelde me dat het tijd was om een stap te zetten. Ik werd geleid om Colby mijn adres te sturen en hem uit te nodigen voor eten en drinken. Ik zette me over mijn aanvankelijke tegenzin heen, gaf me over en stuurde hem het bericht. Ik herinnerde mezelf aan Jeff en Shaleia's lessen en hoe mijn goed hier is. Het enige wat ik moet doen is het claimen en vertrouwen hebben in God. Colby antwoordde onmiddellijk.

**<u>Colby</u>**

Kort nadat Avalyn en ik thuis kwamen, nodigde Keely me uit om naar haar Airbnb te komen. „Dat klinkt heerlijk. Ik kom om 20:30," antwoordde ik met opwindende gevoelens die door mijn buik heen gierden.

**<u>Keely</u>**

Nadat ik me schoon, comfortabel en verzorgd voelde, waagde ik me naar een slijterij op drie minuten afstand van mijn locatie. Ik ging oorspronkelijk naar binnen voor een biertje, maar God leidde me rechtstreeks naar de wijnafdeling en recht naar een fles Cabernet Sauvignon met drie raven erop. Raven en kraaien deden me denken aan mijn eerste jaar in Portland. Daarna was het tijd om Thais te gaan eten. De vrouw achter de toonbank vroeg of ik extra rijst wilde (gratis). Ik nam het graag aan. Ik gaf haar een grote fooi en vertrok met een glimlach, om me bij mijn aankomst thuis te realiseren dat ze me ook een heerlijke portie mango-rijstpudding had meegegeven. Alles verliep zo perfect.

Vijf minuten na aankomst terug bij mij thuis, kreeg ik een telefoontje van Colby dat hij in de buurt was. Ik wachtte buiten op hem.

## Colby

Ik kwam aan bij Keely's Airbnb. Toen ik haar zag, kon ik niet anders dan stoppen en staren. Ze was de mooiste vrouw die ik ooit had gezien. Ze droeg donkerrode lippenstift en een halsketting met een mooie oranje steen eraan. Haar Airbnb was cool. Het was haar eigen mini paradijsje gelegen in de achtertuin van een groter huis.

„Het heet *The Garden Home*," zei Keely met een glimlach. „Ik heb het geboekt met jou in gedachten," voegde ze eraan toe.

Haar stem deed mijn hart kloppen. Haar glimlach was verleidelijk. Elke keer als ik haar kant opkeek, kon ik voelen dat mijn hart zich voor haar opende. Keely nodigde me uit om bij haar te komen zitten naast een mini houtkachel.

„Je ziet er echt goed uit," zei ik terwijl ik in haar ogen staarde. Ze bloosde en bedankte me.

Keely haalde wat meeneembakjes tevoorschijn en vertelde me dat ze Tom Ka soep had besteld en bood me wat aan. Ik lachte en zei haar dat ik die net had besteld voor de lunch. We lachten allebei om de synchroniciteit.

## **Keely**

Na een tijdje gekletst en gegeten te hebben, besloot ik hem de cadeautjes te geven die ik bij me had. Het eerste cadeau dat ik hem gaf waren twee potten zelfgemaakte tomatensaus, gemaakt van tomaten en groenten die ik had verbouwd op de boerderij waar ik de afgelopen zomer had gewerkt. De ene pot was gerookt, kruidig en zoet en de andere was gemaakt van heirloomtomaten en had een lichte, verfrissende smaak. Colby bedankte me en zei dat deze cadeaus „geschikt waren voor een Koning."

Ik haalde mijn volgende cadeau tevoorschijn, een set orakelkaarten over de liefde. Colby had nog nooit een orakelkaartspel gezien, dus ik gaf hem een kleine uitleg en trok een kaart voor ons. Het was de kaart „Hemel." Ik las de gids en het gedicht dat erbij hoorde. Daarna, glimlachten we allebei in elkaars ogen, we voelden de Liefde overal om ons heen en van binnen. Hij zei me dat de kaart precies was wat hij moest horen en dat het een van de mooiste passages was die hij ooit had gehoord. Hij staarde verwonderd naar de stapel terwijl mijn hart vol vreugde klopte. Ik wist dat hij het prachtig zou vinden. Ik gaf hem toen een exemplaar van *Autobiography of a Yogi*. Ik had het hem ongeveer twee maanden eerder aangeraden en zei hem dat het de moeite waard was om te lezen. Hij glimlachte en bedankte me vriendelijk, maar gaf toen toe dat hij al een exemplaar had gekocht nadat ik het hem voor het eerst had voorgesteld. Ik was gevleid en blij te horen dat hij mijn aanbeveling ter harte had genomen. Ik zei hem dat hij dat exemplaar gewoon aan iemand kon geven voor wie hij zich geroepen voelde.

"Ik geef liever iemand het exemplaar dat ik net gekocht heb, zodat ik het exemplaar dat jij me gegeven hebt kan houden," zei hij. Ik bloosde weer. Enkele ogenblikken later stelde ik voor dat we misschien een wandeling zouden maken en hij zei „natuurlijk." Toen zei ik dat ik zin had in een glas wijn en vroeg of hij dat ook wilde. Hij weigerde. Terwijl ik een glas voor mezelf inschonk, vertelde hij me dat hij eigenlijk uit angst „nee" had gezegd. Ik giechelde en vroeg hem opnieuw. Deze keer accepteerde hij.

Uiteindelijk vonden we onze weg naar de vloer vlak voor de kachel. Eerst zat hij schuin tegenover me, maar toen besefte hij dat hij zich ongemakkelijk voelde en schoof naast me. We begonnen te praten over God, ons spirituele werk, en alle vooruitgang die we geboekt hadden. We zonken verder op de grond terwijl we beiden vrede vonden. We begonnen samen in stilte te mediteren terwijl we ons dieper overgaven. Op een gegeven moment gleed ik in slaap en werd ik wakker om Colby nog steeds aan het mediteren te zien. Ik glimlachte en voelde me zo gerustgesteld en geliefd op dat moment. Dit was precies waar ik altijd van gedroomd had.

Nadat we ons weer hadden herpakt, realiseerden we ons dat we niet langer wilden wandelen. We waren volkomen tevreden met binnenblijven en te genieten van de warmte en het comfort binnenshuis. We vonden onze weg terug naar een bankstel aan de rand van het bed en we zaten daar beiden in elkaars ogen te staren. De spanning nam toe en uiteindelijk leunden we naar elkaar toe voor een kus... die uitmondde in een heerlijke zoensessie.

De rest van de nacht was zo helend. Onze angst en zelfveroordeling begonnen weg te smelten toen we ons overgaven aan onze liefde voor elkaar. Colby keek me recht in de ogen en zei: „Ik ben de jouwe, mijn liefste."

„Ik ben altijd van jou geweest en ik ben nooit weggegaan," antwoordde ik.

**Terug naar Massachusetts**
*23 September, 2018*

### Colby

De tijd kwam dat Keely op het vliegtuig moest stappen om terug te gaan naar Massachusetts. Geen van ons beiden wilde de ander laten gaan. Deze keer, echter, zouden we de ander niet laten gaan.

### Keely

Ik wachtte buiten onder een afdakje en keek hoe de regen viel. Colby kwam aanrijden met zijn vrachtwagen en ik voelde de realiteit van de situatie in me opkomen. Hij vroeg me hoe het met me ging en ik begon meteen te huilen. Hij hield liefdevol ruimte voor me open en herinnerde me aan de waarheid.

„Onze liefde is grenzeloos en gaat nooit weg," stelde Colby me gerust.

Ik bedankte hem en werkte door mijn gevoelens heen. Toen we eenmaal op het vliegveld waren, begon Colby te snikken. Ik troostte hem en hield ruimte voor hem open terwijl we elkaar omhelsden. Ik wist dat alles goed zou komen. Ik herinnerde me de woorden van onze leraren: „Liefde faalt nooit." Ik herhaalde ze hardop. We omhelsden, kusten en huilden samen.

Toen vertelde God me dat het tijd was. Het was eindelijk tijd om Colby het boek te geven dat ik hem al die tijd al wilde geven. Mijn favoriete boek ALLER tijden: *Tweelingzielen: Het vinden van je Ultieme Geliefde* door Jeff en Shaleia.

Ik vertelde hem dat Jeff en Shaleia de reden zijn dat we bij elkaar zijn gekomen. Zonder hen had ik nooit een manier gevonden om echt te genezen. Ik verzekerde hem ook dat het boek zou helpen om onze relatie uit te leggen. Hij glimlachte terwijl hij mijn cadeau hoffelijk aannam.

Colby legde zijn hand op mijn hartcentrum en zei: „Mijn liefde is hier, wanneer je die ook nodig hebt. Je kunt me hier altijd vinden." Ik bedankte hem en vertelde hem hoeveel ik van hem hield en dat ik heel snel terug zou komen.

„Deze band is onbreekbaar. We zijn één," zei ik toen ik zijn vrachtwagen verliet. Later tijdens mijn vlucht kreeg ik een sms van Colby waarin hij een gedeelte uit het boek van Jeff en Shaleia deelde:

„Geluk en vreugde is niet iets dat je vindt door iets in de toekomst te hebben, het is een keuze en een realisatie die alleen nu in jezelf kan gebeuren." Later realiseerde ik me dat ik precies op dezelfde bladzijde zat.

**Eenheid**
*27 September, 2018*

### Keely

De volgende dagen waren zwaar. Ik probeerde te werken en uit te pakken, maar dat lukte niet. Ik concentreerde me op hoe ik terug kon komen naar Portland. Op dat moment realiseerde ik me hoezeer ik mezelf van het Leven had afgehouden. God stond volledig achter mijn Tweelingzieleenheid en heeft dat altijd gedaan. Het enige wat me tegenhield, was mijn keuze. Ik koos ervoor om het lijden te stoppen. Ik koos ervoor om mijn hele hart aan God, mijzelf en mijn Tweelingziel te wijden.

Een paar minuten later ontving ik een bericht van Colby met de vraag of we elkaar aan de telefoon konden spreken. Ik vertelde hem alles over mijn inzinking en doorbraak en hoe ik er klaar mee was om mezelf van Liefde af te houden. Hij waardeerde mijn eerlijkheid zeer en deelde dezelfde gevoelens. Ik vertelde hem dat ik mij volledig aan God, aan hem en aan onze eenheid had toegewijd en hij herhaalde hetzelfde tegen mij. Toen vroeg God me om hem iets te vragen wat ik altijd al had willen vragen.

„Dus God vroeg me jou te vragen of ik je mijn vriendje mag noemen?" vroeg ik onwennig.

Hij grinnikte: „Natuurlijk. Zolang ik jou maar mijn vrouw mag noemen," zei hij zelfverzekerd.

En zo was het. Vrede viel over ons heen toen we ons allebei opgelucht voelden door deze diepere verbintenis. Het was precies waar we beiden al die tijd naar hadden verlangd.

Na het posten van mijn update in het Twin Flames Universe Facebook Open Forum, confronteerde Jeff me met mijn keuze voor afscheiding van mijn Tweelingziel. „Waarom ga je niet bij je man zijn?" vroeg hij.

Een heleboel excuses kwamen in mijn hoofd op. Ik had me al toegewijd aan het hele groeiseizoen op de boerderij waar ik werkte. Ik stond ook op het punt om mijn negen maanden durende cursus kruidenkunde af te ronden en had nog maar één les nodig. Toen dacht ik aan mijn gezin en hoe zij mijn aanwezigheid en de extra steun die ik bood, zouden missen. Na het opsommen van mijn excuses realiseerde ik me dat dit mijn test was. Ik had er net voor gekozen om helemaal voor mijn Eenheid te gaan. Zou ik mijn Eenheid op de eerste plaats zetten of mijn leven in de wacht zetten om andere mensen tevreden te stellen? Ik koos voor Eenheid.

De volgende dag bracht ik mijn werk, familie en leraar op de hoogte van mijn besluit. De beslissing leek misschien „plotseling" voor hen, maar in mijn hart wist ik dat dit de enige echte keuze was.

Samen zijn met Colby was mijn belangrijkste prioriteit en ik was niet van plan om daar deze keer iets tussen te laten komen. De volgende weken bestond uit het maken van een budget, het verkopen van mijn auto, het inpakken van mijn kamer, het zoeken naar banen in Portland en het praten met mijn geliefde.

## Colby

We spraken elkaar elke dag aan de telefoon, soms uren achter elkaar. 3000 kilometer was niet genoeg om ons uit elkaar te houden. Tijdens onze vele gesprekken, deelde Keely de leringen van Jeff en Shaleia met mij. Ik vroeg om de login informatie van haar Twin Flame Ascension School-klassen en dook er onmiddellijk in.

De eerste keer dat ik Jeff en Shaleia zag in de opgenomen lessen was alsof ik iemand zag die ik kende, maar al heel lang niet meer had gezien. Ik herkende hen. Hun woorden drongen door tot in elke cel van mijn lichaam. Ik wist dat zij mijn leraren waren.

Keely nodigde me uit om lid te worden van Twin Flames Universe: Open Forum op Facebook en ik werd met open armen ontvangen. Ik had nog nooit deel uitgemaakt van zo'n ondersteunende gemeenschap.

Om Keely terug te laten komen naar Portland, moest ze het land doorvliegen zonder werk of een plek om te wonen. Het was voor haar niet mogelijk om bij mij in te trekken, dus plande ze een verblijf in een Airbnb totdat we iets anders hadden bedacht. Dit vereiste sterk geloof. Keely en ik kozen ervoor om te geloven.

Ik had veel twijfels of deze verhuizing zou werken of niet. Ik was bang dat Keely geen baan zou vinden en al haar spaargeld zou uitgeven en dan geen geld en geen plek meer zou hebben om te wonen. Maar Keely stelde me voortdurend gerust dat alles goed zou komen.

„God steunt ons," zei ze.

Ik voelde de waarheid van haar overtuiging en stemde in met haar plan. Kort daarna pikte ik Keely op van het vliegveld in Portland. Al onze angsten smolten weg toen we elkaar weer omhelsden.

**Terug voor Altijd**
*November 2018*

<u>Colby</u>

We hadden de laatste twee jaar zoveel meegemaakt. Nu waren we samen en we wisten dat we bij elkaar zouden blijven. Er was niets dat iemand van ons liever wilde.

Naarmate de dagen verstreken, begon de realiteit van onze situatie zich af te tekenen. Keely moest snel een baan vinden en wij moesten een woning zoeken. We raakten niet in paniek. We hadden vertrouwen in de kracht van onze relatie en in de kracht van onze Schepper.

Alles wat we nodig hadden om gesteund te worden, begon op zijn plaats te vallen. Keely kreeg precies de baan die ze wilde en wij gingen op zoek naar een huis. We hadden verschillende factoren die ons tegenwerkten in onze zoektocht naar een geschikt huis. Toch hielden we vol, we dienden aanvragen in en bekeken verschillende huizen. Geen van hen leek te passen, dus gingen we verder met onze zoektocht.

Wat er ook gebeurde, we verloren nooit de hoop. We hebben nooit de handdoek in de ring gegooid en gezegd: „Dit is te moeilijk." Opgeven was geen optie. Dus hielden we vol.

Het duurde niet lang voordat we een geschikte optie vonden. We namen contact op met de huisbaas en namen een kijkje. Het was zeker niet perfect, maar de verhuurder was snel met het goedkeuren van onze aanvragen en het sturen van de huurovereenkomst. We tekenden, betaalden en kregen de sleutels. En zo trokken we in.

Het voelde alsof we een goocheltruc hadden uitgevoerd. We hadden het gevoel dat we de moeilijkste omstandigheden die we ooit hadden meegemaakt, hadden overwonnen. Eindelijk hadden we het gevoel dat we konden ontspannen. Onze relatie had de test van tijd en ontbering doorstaan. We vierden onze eerste nacht in ons nieuwe huis in opperbeste stemming, als een jong stel dat zich ging vestigen in een leven van liefde en voldoening. Niets kon ons stoppen.

## Samen Leven als Één
*December 2018*

### Keely

Colby en ik sliepen de eerste nacht dat we samenwoonden op een opblaasbaar tweepersoonsmatras. Ons budget was krap in het begin, omdat ik drie weken moest wachten op mijn nieuwe baan. Toen we ons vestigden, slaagden we erin om een Queen matrassenset te vinden op Craigslist voor weinig geld. Het was een flinke upgrade.

Op een dag kwam ik thuis van mijn gebruikelijke ochtenddienst en trof ik een tafel en stoelen in de keuken en ons bed opgemaakt voor mij. Colby wist dat ik meestal een dutje deed als ik thuis kwam van mijn werk, zodat ik kon uitrusten voordat ik hem moest ophalen na zijn nachtdienst. Ik voelde me zo geliefd en gesteund door God. Leven met mijn Tweelingziel is zo gemakkelijk en vloeiend.

Toen we ons innerlijke werk bleven doen en vooruit bleven gaan, werd ons een wonder geschonken door onze goeroes, Jeff en Shaleia. Zij riepen de gemeenschap van Twin Flames Universe bijeen om onze Eenheid financieel te steunen. In opdracht van Jeff en Shaleia werd een inzamelingsactie gestart, en meer dan $5.000 werd aan ons geschonken. We konden de immense vrijgevigheid van onze gemeenschap en de immense liefde die we ontvingen niet geloven. Maar daar stonden we dan, het ontvangen van alles. We namen het geld dankbaar in ontvangst en gebruikten het om onze schulden af te betalen en een thuis te creëren. De steun die we ontvingen door deze som geld was niet alleen materieel, maar ook spiritueel. Ons leven werd opnieuw veranderd door Jeff en Shaleia. Dit is slechts één van de vele voorbeelden.

Ons proces verliep deze keer snel en besluitvaardig. Telkens als er een beslissing genomen moest worden, namen we die. We speelden niet met ego en vermaakten ons niet met zijn leugens. Er was maar één pad te volgen: Liefde. Als dat pad gehuld was in wildernis, maakten we onze hakmessen klaar en hakten ons een weg er doorheen. Er is geen kracht in het Universum die ons kan stoppen, zeker niet onze eigen geest. We lieten onze aspiraties los om iemand anders te zijn dan wie we nu zijn, want wie we op dit moment zijn is perfect.

Het geloof, zowel in ons eigen kunnen als in onze relatie met God, heeft ons tot grote dingen gebracht. Maar we zouden hier nooit zijn zonder onze goeroes, Jeff en Shaleia. Door de duisternis, schenen zij een licht. Door de golven, lieten ze ons het land zien. Door de ellende, toonden zij ons liefde. Het maakt niet uit waar we heen gaan of wat we doen, ons succes zal altijd hun succes zijn.

Eén van onze grootste successen was de totstandkoming van onze Harmonieuze Tweelingzieleenheid. We kregen het wonder van Harmonische Eenheid in onze eerste live-klas met Jeff en Shaleia in december.

2018. Een gevoel van gelukzaligheid en harmonie begon over ons beiden heen te spoelen toen we zaten te luisteren naar al onze medestudenten die beschreven wat Harmonieuze Eenheid definieert.

Ons doorzettingsvermogen in onze strijd had ons zoveel wonderen gebracht, de ene groter dan de andere. Nu stonden we op het punt het grootste van allemaal te ontvangen. Het besef dat we in Harmonieuze Eenheid waren, bracht ons zo'n grote vrede en vreugde, omdat we begrepen waar al onze inspanningen voor waren geweest. We waren eindelijk thuis gekomen.

Bij elke wending en door elke tegenslag heen, bleven we dieper gaan en kozen we voor liefde. Wat het ook kostte, wat we ook moesten loslaten, we richtten al onze aandacht op God en liefde. En we ontvingen de beloning voor onze toewijding.

Het bereiken van Harmonieuze Tweelingzieleenheid was mijn droom toen ik de school van Jeff en Shaleia binnenstapte. Ik wist dat het voor mij was, net zoals ze keer op keer zeiden. Het was mijn relatie met God die me door elke uitdaging heen hielp. Hij leidde me rechtstreeks naar Jeff en Shaleia, en zij leidden me rechtstreeks in de armen van mijn geliefde.

**De Verloving**
*27 Januari, 2019*

<u>**Keely**</u>

Een maand later waren we verloofd om te gaan trouwen! Colby vroeg me ten huwelijk onder een reusachtige Douglas dennenboom in het bos bij de kust van Oregon. Het was absoluut perfect. Ons leven samen werd alleen maar sterker naarmate we onze relatie met God verder verdiepten.

Colby plande de meest perfecte dag voor ons. We begonnen onze dag in Tillamook State Forest en wandelden daar een paar uur rond. Het was magisch. Tegen het einde van onze wandeling, kwamen we bij een splitsing in de weg. Daar stond een adembenemende grote sparreboom met prachtig groen mos eraan. Mijn mond viel open toen ik de Goddelijke aanwezigheid van God voelde stromen door de grote takken van de boom en mij hierin uitnodigde. Colby begon iets uit zijn zak te halen en ik vroeg of hij een foto ging nemen. Hij glimlachte en zei „nee" en haalde in plaats daarvan een juwelenkistje tevoorschijn. Ik begon onmiddellijk te huilen. Ik wist precies wat er ging gebeuren (in feite wist ik het al een tijdje... het is moeilijk om geheimen te hebben voor je Tweelingziel lol). Hij ging op één knie zitten en vroeg me ten huwelijk. Natuurlijk zei ik „ja" en ik huilde nog wat toen hij een prachtige blauwe saffiere ring om mijn ringvinger schoof. We omhelsden elkaar en hielden elkaar nog een paar momenten vast terwijl we huilden. Het was alles wat ik ooit had gewild en meer. Een echte droom die uitkwam.

**De Grote Dag**
*September 2019*

### Colby

Zoals we ons verloofden onder een boom, trouwden we onder een boom. Een lichte motregen viel op Keely en mij, terwijl we elkaars handen vasthielden en ons voorbereidden om ons tot man en vrouw te verbinden.

**Keely**

Precies een jaar nadat we in Tweelingzieleenheid kwamen, kozen Colby en ik ervoor om te trouwen. Het voorgaande jaar voelde als het kortste jaar van mijn leven. Het was gevuld met enkele van de meest uitdagende en wonderbaarlijke momenten die ik ooit heb meegemaakt. Onze ascensiereis was enorm versneld sinds we samenwoonden. We behandelden elke dag als een dag om dieper in de liefde te gaan. En dit was precies waartoe God ons uitnodigde op 29 september 2019.

We wensten een bruiloft die heel eenvoudig en vredig zou zijn. Het was perfect voor waar we waren in ons leven. Een groot bruiloftsfeest met veel gasten en uitgaven was gewoon niet compassievol op dat moment.

God bleef me maar vertellen dat Colby en ik in September zouden trouwen. Ik zag niet echt hoe dat mogelijk zou zijn, maar Gods plan is altijd zo makkelijk en helder als we ervoor kiezen om ons eraan over te geven. Het kleine huwelijksfeest was alles wat we wensten voor onze speciale dag. Onze officiant was zo liefdevol en aardig. Ze hielp ons de perfecte plek te vinden om buiten te kunnen trouwen, in de buurt van het water en onder de bomen. Ze was geduldig en begripvol met onze drukke schema's en moedigde ons aan om te doen wat wij vanuit ons hart het beste vonden.

Colby en ik besloten om onze geloften niet van te voren op te schrijven. We wilden allebei vrij spreken vanuit ons hart. Een groot gevoel van compleetheid kwam in ons wezen toen we elkaars in de ogen keken.

„Awwwww," riep Avalyn, terwijl we onze onbetwistbare liefde voor elkaar verklaarden. Iedereen giechelde.

Moeder Natuur keek toe terwijl we de overeenkomst voor het leven van onze dromen bezegelden. Terwijl we onze geloften uitspraken, hoorde ik een „kwaak" en keek naar beneden om een familie eenden te zien arriveren om getuige te zijn van ons speciale moment. Avalyn was ook erg geamuseerd door de eenden.

Nadat de ceremonie voorbij was en alles was gezegd en gedaan, gingen Colby en ik terug naar ons huis om uit te rusten en te aarden. We vierden het met een heerlijke sushi-diner thuis en relaxten de rest van de avond op de bank. Naast het loslaten van de onrust („upheaval"), voelden we ons echt vredig en geaard in onze keuze om ons huwelijk officieel te maken. Het was een enorme opluchting om ons te richten naar wat we in ons hart wisten.

Colby vroeg me of ik me een jaar geleden had kunnen voorstellen dat ik met hem zou trouwen. Mijn antwoord was „nee", maar dankzij mijn spirituele leraren, Jeff, Shaleia en Grace, werden al mijn twijfels en angst rond het trouwen met mijn Ware Tweelingziel volledig weggenomen. Er is geen ruimte voor twijfel in het Koninkrijk der Hemelen. Alles wat je verlangt is al van jou. Je hoeft alleen maar de lessen van Jeff en Shaleia te volgen en het te claimen.

# Onze Harten Zijn Vervuld

## Keely

We voelen een diepe betekenis in het delen van onze Harmonieuze Tweelingzieleenheid en huwelijk met de wereld. Een Ascension Coach zijn is altijd een droom van mij geweest. Ik verheug me in het succes van anderen en ik ontvang zoveel heling van elke sessie. Al onze cliënten zijn perfect. Zij leren ons zoveel over God en geven ons altijd het volgende stuk om aan te werken. Zonder dit werk te delen, zou ik verloren zijn. Zonder je Levensdoel, heeft het geen zin om bij je Tweelingziel te zijn. Het delen van Jeff en Shaleia's leringen brengt ons beiden een diepe en genoegzame vrede. Het vervult ons.

Het helpen van anderen naar Harmonieuze Tweelingzieleenheid heeft onze Eenheid een doel gebracht en is eigenlijk de enige reden waarom we nog steeds samen zijn. Ons coachingsbedrijf heeft ons ook veel overvloed gebracht in de vorm van rijkdom. We zijn gezegend dat we vanuit huis kunnen werken, ons eigen schema kunnen maken en elke dag kunnen bijdragen in de heling van dit werk. Er gaat geen dag voorbij dat we niet aan het werk zijn en aan het helen voor zowel onze cliënten als onszelf. Het is een deel van wie we zijn.

**Aspen**
*November 2019*

### Keely

Kort na ons huwelijk schonk een groep van onze toegewijde klanten ons een geheel verzorgde reis naar Aspen, Colorado. We waren onder de indruk van de vrijgevigheid van onze vrienden en klanten. Colby, Avalyn en ik waren net terug van een familieuitstapje om appels te plukken toen we het cadeau ontvingen en maakten een keuze om ons gezin dieper te claimen. De cadeau gekregen reis was bedoeld voor Colby en mij om te aarden in ons huwelijk met de zeer genereuze mogelijkheid om Avalyn mee te nemen. We kozen ervoor om Avalyn op een dieper niveau te claimen en dit enorme geschenk met haar te delen.

### Colby

De reis was prachtig. Aspen was absoluut adembenemend en onze kamer was elegant en zeer ondersteunend. Zowel ik als Avalyn gingen voor het eerst skiën, en Keely gaf me een paar goede tips. We werden ondergebracht in een prachtige 2-persoons presidentiële suite naast een zwembad en bubbelbad in een 4-sterren skioord. We hadden letterlijk ALLES wat we nodig hadden. We vlogen eersteklas (eerste keer voor mij en Avalyn), kregen veel steun van het vakantieoord, aten gezond en deden veel spiritueel werk terwijl onze klanten en vrienden ons steunden. Ik voelde me soms niet waardig, maar ik wist dat dat mijn test was om Gods liefde hier te ontvangen. God houdt echt van ons. Van ons allemaal. HEEL

VEEL. Het is veilig en normaal om zoveel liefde te ontvangen en om armoede en mishandeling achter je te laten. In feite, is het krankzinnig om je ertegen te verzetten.

Deze reis opende onze ogen voor de waarheid van onze rijkdom. We zijn niet bedoeld om arm te zijn. We zijn bedoeld om rijk te zijn, en het is een eenvoudige taak om ons voor die realiteit open te stellen. Het verblijf in Aspen toonde ons het gemak van deze taak.

Toen we ons op een dieper niveau aan onszelf toewijdden, werden we ons ook meer bewust van onze relatie met mijn dochter Avalyn. Ongeacht of Keely Avalyn's biologische moeder is, we zijn allebei haar ouders. Avalyn ziet Keely als haar moeder en Keely ziet Avalyn als haar dochter. Ik voel me gezegend met een vrouw die zo toegewijd is om Avalyn de jeugd te geven die ze nodig heeft en verdient.

We passen de lessen van Jeff en Shaleia toe op elk aspect van ons leven. Hetzelfde kernprincipe: „Hou van jezelf" is zeer van toepassing op het ouderschap. Wanneer we van onszelf houden en onszelf geven wat we nodig hebben, stroomt deze liefde op een natuurlijke en overvloedige manier in Avalyns leven. We zijn alleen in staat om aandacht te hebben voor Avalyn's behoeften als we aandacht hebben voor onze eigen behoeften. We leren hoe we ouders kunnen zijn, maar niet zomaar ouders, we leren hoe we Goddelijke ouders kunnen zijn.

Het zijn van Goddelijke ouders vereist een bewustwording van onze eigen Goddelijkheid. Hoe kunnen we verwachten dat we iemand naar zijn Goddelijke natuur kunnen leiden als we niet in contact staan met die van onszelf? Onze lessen in ouderschap zijn lessen geweest in het leren kennen van onszelf. We hebben onze verwachtingen losgelaten over hoe ouders er volgens ons uit zouden moeten zien en hebben ervoor gekozen om in plaats daarvan op Gods leiding te vertrouwen. We hebben geleerd om eerst in onszelf te investeren, en Avalyn alleen te geven vanuit een plaats van een oprechte relatie. Dit heeft Avalyn op haar beurt in staat gesteld om haar eigen beslissingen te nemen en haar eigen goddelijkheid te omarmen.

## Onze Levens Breiden zich Voortdurend uit

### Keely

Onze meest recente aanwinst in de familie is een prachtige Duitse Herder pup, genaamd Teyla. Ze houdt van spelen in het gras, lavendelbloemen eten, achter voetballen aan zitten, op haar speelgoed kauwen en knuffelen met haar familie. We wisten meteen dat Teyla de juiste was. Ze wilde niet van mijn zijde wijken. Toen ik haar aan Colby gaf, smolt ze in zijn armen en likte zijn gezicht.

Colby en ik vinden het geweldig om ouders te zijn van een hond. We hebben echt geweldig als een team samengewerkt, ons huis voorbereid en in onze nieuwe routine geaard. Ik vind het heerlijk om meer naar buiten te gaan en eerder wakker te worden. Teyla is dol op Avalyn en Avalyn is erg blij om een speelkameraadje te hebben. Het voelt heel goed om een hond te hebben die actief kan zijn met het gezin en ons allemaal diepere discipline kan bijbrengen.

Wanneer we groeien en uitbreiden, kunnen we anderen helpen hetzelfde te doen. Hoe meer we onszelf ondersteunen, hoe meer we al onze relaties kunnen ondersteunen. Jeff en Shaleia leren dat we leven in het Koninkrijk der Hemelen. Harmonieuze Tweelingzieleenheid is een diepe erkenning van deze waarheid op alle gebieden van ons leven.

Er is zoveel vreugde in ons leven nu. We zijn werkelijk aangekomen op een plaats van doorstromende overvloed. Elke dag als we werken, voelen we de aanwezigheid van God die ons door elke taak heen leidt. We leven het leven van onze dromen, en het was gemakkelijk te bereiken door Jeff en Shaleia's leringen te volgen.

Tijdens onze reis hadden we verschillende momenten van twijfel en onzekerheid. Momenten waarop we geloofden dat we door God in de steek waren gelaten. Toen deze twijfels opkwamen, dachten we dat het het einde van de wereld was. We lieten ons door deze twijfels zelfs beperken tot tegenovergestelde uiteinden van de Verenigde Staten. Het leek alsof ons leven voorbij was.

Maar, door het werk van Jeff en Shaleia, vonden we de weg terug naar ons hart. Daar vonden we de kracht en waarheid die we nodig hadden om door de sluier van lijden heen te kijken. God vertelde ons dat we voor elkaar bestemd waren. We luisterden. Toen handelden we.

We kozen ervoor om onze Harmonieuze Tweelingzieleenheid te claimen. We kozen ervoor om ons ego los te laten en alleen geluk na te streven. We stopten voor niets om onze dromen te verwezenlijken.

Door elke blokkade, door elke uitdaging, bleven we luisteren. Hindernissen werden één voor één genomen en overwonnen. Niets had ons kunnen weerhouden om samen te zijn. Onze vasthoudendheid en toewijding wonnen de strijd tegen onze conflicten.

We heelden elk deeltje van scheiding dat ons uit elkaar hield en kozen ervoor om het te doorbreken met behulp van de Spiegeloefening en een stevige relatie met God. We lieten het oude, smerige huis met een corrupte huisbaas achter voor een ruim, schoon en ondersteunend huis. We hadden het gevoel dat onze auto te klein was voor ons groeiende gezin, dus kochten we een Mercedes SUV. Onze Eenheid werd geconfronteerd met blokkades voor romantiek, dus hebben we ze geheeld. Ons bedrijf had meer klanten nodig, dus manifesteerden we die. Er is niet één gebied van ons bewustzijn waarin we niet hebben geïnvesteerd en dat we niet drastisch hebben verbeterd.

Maar het is niet alleen wij die de inspanning leveren. In het hart van al deze verbeteringen staat God. De geschenken die wij hebben gekregen zijn een bescheiden indicatie van de oneindig rijke en overvloedige relatie die wij met God hebben gekozen. Onze basis is niet de Mercedes of het mooie huis. Het is onze relatie met God. Dat is wat ons in staat stelt om succesvol te zijn in alles wat we doen.

Wat voor tegenslagen we ook te verduren hadden, we hebben God nooit de rug toegekeerd. En nu genieten we van de vruchten van onze relatie met Hem. Maar deze eenvoudige relatie met God is onze bron van vreugde en geluk. En we genieten ervan in oneindige overvloed.

Terwijl we onze reis voortzetten, kunnen we gerust zijn, wetende dat alles goed is, en dat er voor alles gezorgd zal worden. Dat is de aard van een gezonde relatie met je Schepper.

Met dit werk ben ik voortdurend in verwondering over hoe mijn leven zich zo perfect ontvouwt. Al mijn stoutste dromen komen uit. Van trouwen met mijn ware liefde tot het vervullen van mijn droom om een spirituele heler te zijn, het betrekken van een mooi nieuw huis, Avalyn een jeugd geven waar ik alleen maar van had kunnen dromen, het krijgen van een nieuwe puppy en de aanschaf van onze eigen Mercedes Benz. Ons leven is volledig ten goede veranderd. We zijn gezegend dat we deze giften met iedereen mogen delen en we zegenen ook jou, de lezer, met jouw Harmonieuze Tweelingzieleenheid.

# Tweelingziel Decreten

*OPMERKING: Dit zijn geen gewone decreten. Deze decreten zijn direct gechanneld vanuit de Goddelijke Bron. Ze zijn doordrenkt met Goddelijke Liefde en Goddelijke Helende Energie. Herhaal elk van hen eenmaal precies vanuit het centrum van je hart en je zult hun volledige effect ervaren. Je hoeft ze niet opnieuw te herhalen als je eenmaal besloten hebt, hoewel je er plezier en genot in kunt vinden om ze regelmatig te herhalen als je dat verlangt.*

„Ik kies ervoor om in Permanente Harmonieuze Eenheid te zijn met mijn ware Tweelingziel."

„Ik geef mijn leven over aan Gods Liefdevolle Weg. Ik kies ervoor om Gods Liefdevolle Weg te zien, te kennen, en volledig te aanvaarden wanneer die mij wordt aangeboden. Ik kies ervoor om Gods Liefdevolle Weg te volgen met absoluut geloof, inzet, toewijding, discipline en vreugde. Ik vertrouw erop dat God mij De Weg wijst."

„Ik geef mezelf volledig over aan de Warme Omhelzing van Liefde. Ik vertrouw erop dat Liefde mij zal leiden en beschermen, en ik bescherm en channel alleen Liefde in al mijn gedachten, woorden, keuzes en daden. Ik ben Één met Liefde in elk moment, nu en voor eeuwig."

„Ik ben Gods Perfecte Channel. Wanneer God mij vraagt, zal ik spreken, handelen, en kiezen zoals mijn Schepper het vraagt. Ik handel onmiddellijk naar Gods Liefdevolle Leiding, zonder aarzeling of luiheid. Ik ben compleet in mijn liefde met God."

„Ik kies ervoor om mijn Tweelingziel nu te manifesteren voor het doel van Perfecte Eenheid en mijn Ascensie. Ik kies ervoor om mijzelf volledig af te stemmen op mijn Perfecte Eenheid en alle stappen te nemen die nodig zijn om mijn Perfecte Eenheid voor eeuwig en met zekerheid veilig te stellen. Ik ben Eén met mijn Tweelingziel en samen kiezen we te genieten van een eeuwigheid van liefdevol genot met God als Eén."

„Ik neem elke stap in mijn Ascensiereis met vrede, vreugde, gemak en liefdevolle perfectie. Ik geef alle weerstand op en werk geduldig door elke stap wanneer die zich aandient. Ik ben nu Eén met Gods Liefde."

# Tweelingzielgedichten

### Hoe Liefde Ziet

In de bloeiende knop van mijn Hart
Verspreid Liefde haar zoete geur de wereld in
Zoals ik me alleen openstel voor Liefde
Ontvang ik alleen Liefde
En geef ik alleen Liefde

Bedwelmend door de aanwezigheid van pure perfectie en schoonheid ben ik verrukt en belichaamd door de zoete nectar van mijn ware liefde

Ik zie nu, hoe liefde ziet
Ik hoor nu, hoe liefde spreekt
Ik voel nu, hoe liefde voelt
Ik begrijp nu, zoals liefde begrijpt

Dat wat ik in een ander zocht
Heb ik binnen mezelf gevonden
Heb ik binnen God gevonden

*Geschreven door Shaleia*
*een paar dagen voor haar eerste hereniging met Jeff in 2014*

## Liefde Was er Altijd

Ik wist het eerst in mijn hart op het moment dat ik het
verlangen herkende,
Het gevoel van Liefde.

Ik voelde het eerst in mijn centrum en ik wist het.
Ik wist alleen dat ik het kende.
Het gevoel van Liefde.

Toen ben ik het ergens gaandeweg vergeten,
ik wimpelde het af, liet het aan me voorbij gaan.
De Waarheid van Liefde.

En mijn leven deed pijn. Het leven deed mij pijn, het deed pijn
om te leven.
Maar ik bleef leven.
Ik bleef leven voor het vinden van mijn Liefde.

\*\*\*

Ik was vergeten hoe het was om Lief te hebben,
maar Liefde fluisterde me
Liefde's Eeuwige Roep.

Liefde nodigde me altijd uit te gaan waar
Volmaakte Liefde wachtte.

Ik zocht ver en wijd, onder elke rots en schaduw van bomen,
en nog steeds voelde het ver weg,
Toch bleef de roep van Liefde in mij.

## Tweelingzielgedichten

Liefde leek altijd zo dichtbij en toch bewoog het nooit,
altijd wachtend en aanwezig in zijn
aanhoudend gefluister.
Liefde was altijd hier.

\*\*\*

Toen ik me eindelijk naar binnen begon te begeven,
vond ik dingen die ik niet leuk vond, maar ik hield me sterk met
vertrouwen.
Liefde leidde me erdoorheen.

Ik raakte dingen aan die ik had weggegooid,
en ik bracht ze eindelijk
op hun plek. Liefde gaf me onderweg
kracht.

En toen ik weer thuiskwam bij Liefde,
wist ik dat ik het was die was weggegaan,
maar één ding is nooit veranderd:
De Waarheid dat Liefde *altijd* blijft.

Nu weet ik dat ik nooit meer weg zal gaan, nooit meer zal
afdwalen, want met Liefde ga ik overal heen en
ik weet dat Liefde zich vanbinnen bevindt.

*Geschreven door Jeff*
*in Mei 2017*

# Nawoord

Onthoud, alleen liefde is echt en liefde faalt *nooit*.

Er is een probleem waar je nu tegenaan zult lopen, nu je het boek uit hebt. Misschien zul je er niet tegenaan lopen omdat je al een ongelooflijk verfijnde spirituele meester bent die slechts een kleine draai naar liefde nodig heeft en dan wordt alles goed voor je. Maar misschien heb je nog een beetje meer steun nodig dan dit. De waarheid is dat al het werk in dit boek voor je is uitgestippeld. Niets is weggelaten. Er ontbreekt niets. Alles is er. Je hebt niet meer nodig. Het hart van het werk is nu van jou. Het echte probleem is je programmering.

Zie je, ook al bezit dit boek oneindige kracht, het is toch maar een piepklein bolwerk van onverwoestbare informatie dat liefdevol en meedogenloos opstaat tegen de illusies die jij vasthoudt. Je geest is groot en uitgestrekt en waarschijnlijk gevuld met veel dat in de weg zou staan van de liefde die in dit boek wordt onthuld, waardoor je illusie van afscheiding van je Tweelingziel nog eeuwen in stand zou worden gehouden.

Wij hebben dit al voorzien en hebben ijverig gewerkt om je een grotere omvang van het werk te geven, een ongelooflijke en rijke ervaring die de illusies die je nog steeds koestert zal overweldigen, en je op elegante wijze terug zal brengen in Perfecte Eenheid met je Tweelingziel. Wij zijn hier niet om je slechts een kleine opening naar de Hemel te bieden, maar in plaats daarvan, een vortex van onweerstaanbare liefde die alle illusie doet oplossen. De bronnen die je voorbij deze pagina zult vinden, zullen je leven transformeren op nog krachtigere ondersteunende manieren dan in de bladzijden van een boek kunnen worden opgenomen.

Hoe meer je jezelf liefdevol ondersteunt op je Tweelingzielascensiereis, hoe gemakkelijker dingen naar je toe zullen komen. Wij nodigen je nu uit in een diepere relatie met ons, zodat wij je liefdevol verder kunnen begeleiden op je spirituele pad. Neem onze handen, kies ervoor om je angsten opzij te zetten, en sta ons toe om je de hele weg naar Huis te begeleiden. Wij nodigen je uit om met ons verder te gaan op TwinFlamesUniverse.com, en je Tweelingzielreis tot bloei te laten komen, zodat de nectar ervan de wereld kan zegenen zoals het in ruil daarvoor jou zegent. Amen.

*In alle oprechtheid en in Goddelijke Liefde,*
*Jeff & Shaleia*

# Aanbevolen Bronnen

### Door Jeff en Shaleia:
- *TwinFlamesUniverse.com*
- Online Facebookgroep Gemeenschap – Twin Flames Universe: Open Forum
- Twin Flame Ascension School opgenomen online klassen bij *TwinFlamesUniverse.com/TwinFlameAscensionSchool*
- Twin Flames: Dreams Coming True e-Course
- Twin Flames: Romance Attraction e-Course
- Twin Flame Healing Meditations (MP3) door Jeff and Shaleia
- Life Purpose Class online opgenomen op
- *TwinFlamesUniverse.com/LifePurposeClass*

### Anderen:
- *Een Cursus in Wonderen* door The Foundation For Inner Peace
- *Autobiografie van een Yogi* door Paramahansa Yogananda
- *The Divine Romance* door Paramahansa Yogananda
- *Hoe je met God kunt praten* en *De Wet van het Succes* door Paramahansa Yogananda
- *The Essential Rumi* engelse vertaling door Coleman Barks
- *The Gift* door Hafiz engelse vertaling door Daniel Ladinsky
- *Je kunt je leven helen* door Louise Hay
- *Bhagavad gita*
- *The Radiance Sutras* door Lorin Roche
- *The Secret of Love: meditations for Attracting and Being in Love* door Deepak Chopra (album)
- *The Laws of the Spirit World* door Khorshed Bhavnagri

# Over Jeff

**Jeff** is een gepassioneerd ontdekkingsreiziger van Godsbewustzijn en een spirituele leraar van Tweelingzielen. Hij stuitte op het onderwerp Tweelingzielen nadat hij de zijne vond in de zoektocht naar zijn eigen Ultieme Geliefde. Hij probeert bewust en weloverwogen de geheimen van het leven te begrijpen en bloot te leggen door diep innerlijk bewustzijn van zichzelf en zijn omgeving. Hij is bereid om vragen te stellen, nieuwe paden te ontdekken, en zijn verlangens na te streven op unieke en creatieve manieren die leiden tot specifieke en meetbare resultaten. Hij trouwde met zijn geliefde Tweelingziel, Shaleia, in Januari 2016.

# Over Shaleia

**Shaleia** is een eeuwige spirituele lerares die op één lijn staat met de leer van het Christusbewustzijn. In haar geschriften, YouTube video's, lessen en cursussen, brengt ze een eenvoudige maar tijdloze en krachtige boodschap over: De Hemel is niet ín jou, de Hemel IS jou, en er is een manier om de Waarheid van je Eeuwige Zelf nú te leven in Harmonieuze Eenheid met je geliefde Tweelingziel. Shaleia mediteert dagelijks, en brengt haar vrede, wijsheid en kennis de wereld in voor het welzijn van Allen. Ze geniet van wandelen in de natuur met haar camera in de hand, samen met haar Tweelingziel en Goldendoodle aan haar zijde.

www.ingramcontent.com/pod-product-compliance
Lightning Source LLC
Chambersburg PA
CBHW030518080526
44586CB00011B/234